FOQUE A AÇÃO, COLECIONE RESULTADOS

CARO(A) LEITOR(A),

Queremos saber sua opinião sobre nossos livros.
Após a leitura, curta-nos no facebook.com/editoragentebr,
siga-nos no Twitter @EditoraGente e no Instagram @editoragente
e visite-nos no site www.editoragente.com.br.
Cadastre-se e contribua com sugestões, críticas ou elogios.

ANDRÉ HELLER

PREFÁCIO DE BERNARDINHO
POSFÁCIO DE SANDRO MAGALDI

FOQUE A AÇÃO, COLECIONE RESULTADOS

ENFRENTE SEUS BLOQUEIOS E ARQUITETE SUA JORNADA DE EXCELÊNCIA

Diretora
Rosely Boschini

Gerente Editorial Sênior
Rosângela de Araujo Pinheiro Barbosa

Editora Júnior
Carolina Forin

Assistente Editorial
Bernardo Machado

Produção Gráfica
Fábio Esteves

Preparação
Adriane Gozzo

Capa
Rafael Brum

Projeto Gráfico e Diagramação
Gisele Baptista de Oliveira

Revisão
Fernanda Guerriero Antunes
Mariana Marcoantonio

Impressão
Edições Loyola

Copyright © 2022 by André Heller
Todos os direitos desta edição são reservados à Editora Gente.
Rua Natingui, 379 – Vila Madalena
São Paulo, SP – CEP 05443-000
Telefone: (11) 3670-2500
Site: www.editoragente.com.br
E-mail: gente@editoragente.com.br

Dados Internacionais de Catalogação na Publicação (CIP)
Angélica Ilacqua CRB-8/7057

Heller, André
    Foque a ação, colecione resultados : enfrente seus bloqueios e arquitete sua jornada de excelência / André Heller. - São Paulo : Editora Gente, 2022.
    192 p.

ISBN 978-65-5544-258-8

1. Desenvolvimento profissional 2. Carreira profissional 3. Sucesso I. Título

22-4210   CDD 650.14

Índices para catálogo sistemático:
1. Desenvolvimento profissional

NOTA DA PUBLISHER

Todos nós, ao longo de nossa vida e carreira, temos desafios a superar e, nesses momentos, precisamos lidar com as nossas limitações. Sim, nossas capacidades e talentos têm limites e, dependendo das barreiras que precisamos transpor, alguns de nós podem ter mais ou menos dificuldades.

No entanto, André Heller diz que isso não é motivo para deixar de conquistar o que deseja e realizar seus sonhos. Como atleta profissional e jogador da Seleção Brasileira de vôlei por mais de doze anos, André já passou por diversas situações que o fizeram acreditar que não conseguiria alcançar seus objetivos. Dá para acreditar que um atleta de alta performance como ele possa ter desacreditado de si mesmo um dia? Pois é. Porém, com sua determinação e empenho, ele correu atrás e atingiu suas metas – entre elas, representar o Brasil e ser campeão olímpico.

Hoje, formado em Empreendedorismo e atuando como palestrante há mais de catorze anos, André reuniu toda a sua experiência de atleta e gestor para nos ensinar que ter consciência das nossas limitações é o que vai nos levar ao destino que desejamos e que, muito mais do que a linha de chegada, o importante é a jornada que nos leva até ela. Para provar isso, o agora autor nos conta aqui diversas passagens de sua brilhante história no esporte em que teve que lidar com as suas limitações.

Neste livro, André vai nos ensinar todas as estratégias que desenvolveu ao longo dos anos para superar os desafios e arquitetar uma jornada de excelência. Vamos aprender com ele a entender as nossas dificuldades e, por meio de planejamento e autoconhecimento, atingir a realização dos nossos sonhos. Vamos juntos?

ROSELY BOSCHINI
CEO e Publisher da Editora Gente

Dedico este livro à minha esposa, parceira, sócia e amiga, Marcelle, sem a qual eu não seria o marido e pai que sou. Dedico ainda às duas pessoas que me transformam a cada dia: meus filhos, Helena e Vinícius, fontes inesgotáveis de amor incondicional. E, por fim, dedico esta obra à minha mãe, Martha, cuja sabedoria e inspiração fizeram da minha vida uma jornada que vale a pena ser vivida! Gratidão.

AGRADECIMENTOS

Este talvez seja um dos momentos mais emocionantes da minha vida. Apaixonado por literatura desde sempre, sonhava em escrever um livro desde jovem. O dia chegou. É momento de celebração, e a melhor maneira de celebrar é agradecendo a todos que fizeram com que tudo acontecesse, não só no que diz respeito à concretização deste projeto literário, mas também a tudo o que aconteceu em minha trajetória como filho, irmão, aluno, atleta, marido, pai e autor.

Quero começar esta sessão do livro agradecendo imensamente ao melhor time do mundo: minha família. Gratidão eterna à capitã desse time: minha incrível esposa Marcelle, sem a qual nada teria acontecido. Marcelle transformou a minha vida, me tornou o marido que eu sonhava ser e, literalmente, me ensinou a ser o pai que sempre desejei! Mulher única, minha companheira, amiga e sócia: desempenha com excelência qualquer função a que se propõe. Para as joias da minha vida, meus filhos Helena e Vinícius, ainda terei que inventar uma palavra para expressar o meu agradecimento e amor. São fonte inesgotável de inspiração, carinho e luz! Amo vocês daqui até a Lua, ida e volta!

Agradecimento especial à minha querida mãe, dona Martha, que me ensinou desde o meu nascimento que o mundo é cheio de possibilidades e que só depende de nós mesmos transformar essas em oportunidades por meio das nossas escolhas. Mãe, você é a melhor do mundo! Ao meu saudoso pai, minha gratidão eterna por todos os ensinamentos, amor incondicional e momentos que tivemos juntos. Saudades sem fim!

Às melhores professoras do mundo: minhas irmãs Sabrine e Corine. O agradecimento aqui é quase redundância. Vocês são minha inspiração desde sempre. Minhas irmãs foram as minhas primeiras patrocinadoras, me apoiando quando precisava comprar tênis e joelheiras no início da minha aventura no esporte. Foram elas também que me inseriram no mundo das palestras, me convocando para falar nas escolas onde lecionavam. Amor e admiração sem fim por vocês.

Cabe aqui também um agradecimento aos meus sogros incríveis, Dorinha e Monteiro, que abriram a casa, a família e o coração, para que eu entrasse e me sentisse acolhido e querido! Obrigado!

Absolutamente devo agradecer a todos os meus professores, técnicos e treinadores, sem os quais eu não teria compreendido o sentido da educação na minha jornada. Um obrigado gigante a cada um de vocês! Um agradecimento especial ao sensacional professor Darci Orso, o "tio Darci", um dos maiores responsáveis pela minha iniciação esportiva e, sobretudo, por me fazer entender qual é o verdadeiro papel do esporte em nossas vidas: educação.

Tive muitos treinadores em minha carreira, e todos tiveram a sua importância em minha trajetória. Gostaria de destacar e agradecer aqui os professores Bernardo Rocha de Rezende, o Bernardinho, e Carlos Javier Weber, responsáveis por pontos de inflexão fundamentais em minha jornada no esporte.

Um agradecimento sem fim a todos os meus colegas de profissão que compartilharam comigo lições preciosas do esporte. Tudo o que realizei ao longo de minha carreira esportiva é consequência de todo o conhecimento que meus colegas atletas generosamente dividiram comigo. Meu muito obrigado.

Um superobrigado aos convidados entrevistados, que generosamente me concederam suas visões acerca dos temas aqui abordados. Muito obrigado, queridos Bruninho, Lars Grael, José Tolovi, Adriana Fellipelli, Ricardo Amorim, Marcos Rossi, José Salibi Neto e Bernardinho. Um agradecimento especial aos amigos e mentores Bernardinho e Sandro Magaldi por assinarem o prefácio e posfácio respectivamente. A participação de vocês engrandeceu não só o conteúdo aqui compartilhado como a minha jornada de autor.

Um agradecimento especial aos queridos amigos Alessandro Furlan, da Eco Vila Incorporadora, Adriano Furlan, da Camelo Moda Masculina, e Vinícius Perallis, do Hacker Rangers, por acreditarem neste projeto literário e, sobretudo, compreenderem o propósito deste livro. Meu muito obrigado! Contem comigo sempre.

Um agradecimento eterno à ESM Sports Business, em nome de seu CEO Luiz Fernando Ferreira, diretor Fernando Maroni e meu parceiro Maurício Lima, por acreditarem no esporte, por acreditarem em mim como atleta e, sobretudo, por abrirem as portas de uma nova carreira em minha jornada. Nando, Maroni e Maurício, meu muito obrigado pela confiança e por tantos ensinamentos.

Não menos importante, um agradecimento gigante a todos que torceram e torcem por mim, desde o período em que era atleta até hoje, em outra área de atuação. Cada carinho, torcida, vibração e estímulo foram fundamentais em minha trajetória.

Por fim, quero agradecer ao meu bom Deus por todas as possibilidades, pela graça da vida, pela saúde, por não me deixar sentir solidão mesmo quando estava sozinho, por me sustentar em todos os desafios, pelos constantes ensinamentos e provas e, principalmente, pelas pessoas que colocou em minha jornada. Obrigado por me ensinar a amar, ter fé e acreditar que tudo é possível. Gratidão!

Obrigado! Obrigado! Obrigado!

14
PREFÁCIO

18
INTRODUÇÃO
UM LIVRO
SOBRE VOCÊ,
LEITOR

56
CAPÍTULO 4
NÃO SEJA SEM
QUERER, SEJA
DE PROPÓSITO!

66
CAPÍTULO 5
COMPORTAMENTO:
A BASE
FUNDAMENTAL
DA EXCELÊNCIA

78
CAPÍTULO 6
LIMITAÇÃO
NÃO É PRISÃO
PERPÉTUA

124
CAPÍTULO 10
AS COISAS MAIS
IMPORTANTES
NUNCA DEVEM
FICAR À MERCÊ
DAS MENOS
IMPORTANTES

136
CAPÍTULO 11
CELEBRE A
JORNADA,
NÃO SOMENTE
A LINHA DE
CHEGADA

146
CAPÍTULO 12
*AS MUCH AS
POSSIBLE*

24
CAPÍTULO 1
LIMITADO: SINTOMA OU SENTENÇA?

36
CAPÍTULO 2
NÃO PREENCHA LACUNAS, RESSIGNIFIQUE-AS

48
CAPÍTULO 3
NAUFRÁGIO OU REDENÇÃO?

92
CAPÍTULO 7
A MATRIZ DA EXCELÊNCIA

102
CAPÍTULO 8
A IMPORTÂNCIA DE PLANEJAR E A NECESSIDADE DE AGIR

114
CAPÍTULO 9
NA DÚVIDA, COMECE!

158
CAPÍTULO 13
CELEBRE A JORNADA – *TODA* A JORNADA

168
CAPÍTULO 14
SEJA O ARQUITETO DA PRÓPRIA JORNADA

178
CONCLUSÃO
O APRENDIZADO DE UM ADULTO

182
POSFÁCIO
ARQUITETURA DA JORNADA

185
NOTAS DE FIM

PREFÁCIO

Fiquei muito honrado com o convite do André Heller para escrever algumas palavras a serem publicadas em seu livro. Tive o prazer de trabalhar com ele durante oito anos, do meu início na Seleção masculina, em 2001, até os Jogos Olímpicos de Pequim, em 2008. São tantas passagens e experiências compartilhadas que poderiam gerar um novo capítulo para o livro.

André Heller foi um daqueles atletas que nunca acreditou que eventuais limitações pudessem impedir e frear sua jornada. Atuava em uma posição, a de central (ou meio de rede), que exige altura e, embora alto para os padrões da população brasileira, sempre teve que competir com atletas de estatura bem superior. Tecnicamente, não era dotado de um talento natural e desde cedo entendeu que o único elemento que ele controlava e ao qual se dedicaria intensamente era o trabalho. Uma devoção absoluta a cada dinâmica de treino proposta, não se contentando com nada que não o levasse ao encontro da excelência. A garra demonstrada a todo instante, nessa combinação de paixão e determinação, era contagiante e gerava em todos ao seu redor respeito e admiração enormes. Um jogador de time que sempre colocou os interesses da equipe em primeiro lugar, entendendo a importância da sua função sem jamais se preocupar com protagonismo – e, mesmo assim, tornou-se o protagonista de sua grande jornada.

Eu me recordo, ainda nos primeiros anos no comando da Seleção, de quando comecei a propor, indicar e levar livros para nosso centro de treinamento. Heller não apenas se tornou o mais interessado, mas começava ali, acredito eu, a sua busca por mais conhecimento e ferramentas que pudessem conduzi-lo a uma jornada muito além daquela de atleta: uma jornada de vida. Com tudo que foi adquirindo e incorporando ao longo desses anos, hoje assume a missão de compartilhar tanto com tantas pessoas. Creio que, no início do processo, o primeiro livro que gerou um grande impacto sobre ele foi: *Endurance: a lendária expedição de Shackleton à Antártida*,[1] que segue como fonte de inspiração e faz parte de um dos capítulos deste seu livro.

Tantas conquistas, viagens, treinos, frustrações, sempre juntos acreditando e buscando caminhos para nossa evolução. Entretanto, há uma passagem muito significativa, dura e dolorosa, mas de enorme importância para nós, e principalmente para o Heller. Às vésperas do nosso 1º Campeonato Mundial em 2002, eu precisava realizar alguns cortes na equipe para chegar ao número de doze atletas que partiriam para a Argentina em busca do título inédito para o Brasil. Estávamos em Belo Horizonte, contávamos com quatro jogadores na função de central e apenas três permaneceriam. Cortar um atleta antes de uma competição tão importante e para a qual houve anos de dedicação e entrega é, sem nenhuma dúvida, a pior tarefa de um treinador. Mexer com sonhos, com vidas. E Heller (não sem muita dor e reflexão) foi o escolhido. Eu já havia realizado cortes ao longo da minha carreira, na Seleção feminina e também na masculina. Mas nunca havia visto uma reação como a dele. O momento era muito triste e o semblante dele era de cortar o coração. Nunca me esqueci de como me senti e creio que certamente ele nunca vai se esquecer de como eu o fiz se sentir. Terminada a breve reunião, ele me pediu que aguardasse, pois queria falar comigo. Ficamos na pequena sala, e ele me perguntou o que deveria fazer, o que treinar, o que focar, para que nunca mais sentisse o que sentia naquele momento. Tentei trazer mais informações, um feedback mais completo que pudesse ser útil no seu plano de crescimento e retorno. Ele não tinha controle sobre a minha decisão, mas sim sobre como reagiria. E dotado da dor do corte, com muita reflexão sobre o processo a seguir, ele volta à sua rotina de treinamentos em seu clube. O Brasil se torna campeão mundial pela primeira vez, com ele torcendo muito de casa, mas com aquele sentimento de querer muito estar lá. A partir dessa temporada, ele retorna à Seleção e permanece em todas as competições disputadas pelo Brasil, como titular, até deixar o time em 2008.

Sigo à distância a caminhada de Heller e vejo como foi acertada a decisão de tê-lo tido conosco por tantos anos, seus valores, sua atitude, esse inconformismo saudável e esse espírito de "eterno aprendiz" que o caracteriza. Como seu antigo treinador, sinto um enorme orgulho de tudo que ele construiu e continua construindo.

A história dele e, tenho certeza, este livro serão fontes de inspiração para muitos atletas país afora. Não apenas os do esporte, mas também "atletas corporativos" e "atletas da vida".

Obrigado, André, por tudo. Sucesso sempre!

BERNARDINHO

INTRODUÇÃO

UM LIVRO SOBRE VOCÊ, LEITOR

Difícil não ver o universo do esporte de alta performance e seus profissionais como fonte de inspiração, ensinamentos e aprendizados para a vida cotidiana, seja pessoal, seja profissional. Afinal, quantos não querem, na prática de exercícios físicos, alcançar o nível de disciplina de esportistas profissionais? Quem não almeja a capacidade de concentração dos jogadores que, em quadra, mesmo diante de um barulho ensurdecedor, em meio à imensa pressão por resultado, conseguem silenciar o mundo à sua volta e realizar um movimento que decide a partida? Ou, ainda, quem não daria tudo para desenvolver a monumental resiliência dos atletas que dedicam anos da vida a objetivos, que sacrificam momentos de prazer e lazer com amigos e familiares em nome (da possibilidade) de um futuro melhor na profissão? Por fim, que líder não deseja fazer sua equipe trabalhar de modo harmonioso e engajado – como nos times esportivos de alta performance –, de maneira que diferenças e características individuais se complementem, impedindo que a competitividade interna ponha tudo a perder?

Como você, também reconheço que pode ser muito difícil alcançar esses objetivos. Digo isso porque, após mais de trinta anos atuando no ambiente esportivo de alto desempenho e participando de conquistas importantes no cenário mundial, é exatamente isso que eu faço agora, fora das quadras: ajudar as pessoas a trazerem para a vida e a carreira aquilo que o voleibol me ensinou e pelo qual sou tão grato – e como não ser?

Como atleta, tive a oportunidade de dedicar minha vida à Seleção Brasileira e a clubes nacionais e internacionais, participar de três Olimpíadas e conquistar, ao lado de profissionais admiráveis, medalhas de ouro e prata. Apenas com a Seleção, subi ao pódio 29 vezes.

Mais que títulos, posso dizer que, se percorri uma trajetória de realização e sucesso – das categorias de base em clubes do interior do Rio Grande do Sul até o momento em que deixei as quadras, em 2014 –, foi porque vivi tudo isso plenamente. Desfrutei, usufruí e apreciei cada instante, cada circunstância.

E é exatamente isso que quero propor a você neste livro: que encontre a própria maneira de viver com satisfação toda a jornada de sua vida pessoal e profissional. Por certo, da realização que sentirá nesse caminho, você também fará muito mais por si mesmo.

Assim, após mais de quinze anos buscando contribuir para que pessoas e empresas possam incorporar em suas realidades as valiosas lições do esporte de alta performance, resolvi "embalar" todo conteúdo aprendido e compartilhar neste projeto literário.

Para conseguir descrever, explicar e exemplificar esse conteúdo, enfim, para conseguir criar a ponte entre o fascinante universo do esporte e o mundo corporativo e/ou das escolhas pessoais, resolvi reunir não apenas histórias e aprendizados meus, mas também de profissionais de outras áreas de atuação.

A escolha de apresentar esses depoimentos e essas trajetórias pessoais se justifica, de modo adicional, porque mostra que outras pessoas, ao arquitetarem suas jornadas, acabam utilizando, propositalmente ou não, modelos mentais, ferramentas e técnicas amplamente difundidas entre os profissionais do esporte para alcançar a alta performance.

Tomei, ainda, a iniciativa de adicionar a alguns capítulos uma seção prática, um exercício, de modo a contribuir para que você seja capaz de trazer esse conhecimento para o seu dia a dia. Contudo, vale dizer que não entrego um mapa com caminhos e localizações exatas.

A Matriz da Excelência, ferramenta que compartilho neste livro, reúne componentes que fizeram (e fazem) carreiras bem-sucedidas e mostra como organizar e articular esses componentes para aumentar sensivelmente as chances de obter resultados positivos; contudo, não creio ter encontrado (nem tenho a pretensão de encontrar) a fórmula do sucesso. Isso porque é necessário equilibrar o conteúdo aqui apresentado com cada personalidade e, é óbvio, com os objetivos e os sonhos de cada um.

É natural que todos tenhamos características específicas em nossa personalidade que precisamos identificar e superar para alcançar melhores resultados (medos, receios, tendências, preconceitos, dúvidas, formação etc.), e, claro, há algumas outras características comuns a todos nós. Este livro fala justamente dessas características que compartilhamos.

Por exemplo, sabemos que, por mais sedutoras, apelativas e prazerosas (por vezes irritantes) que possam parecer as redes sociais, elas não refletem, necessariamente, a realidade. Quero dizer, muitas vezes, as pessoas não vivem, não se relacionam daquela forma nem mesmo se parecem com aquilo que vemos ali. Em outras palavras, pouco importa quantos diplomas, certificados e cursos alguém é capaz de postar no LinkedIn para sinalizar seu nível de capacitação técnica. Essa capacidade precisa, em algum momento, ser demonstrada na prática.

Minha proposta não é dizer quanto tempo as redes sociais devem ocupar em sua vida – essa decisão deve ser sua –, mas observar que o sucesso passa por investir mais do nosso escasso tempo onde a vida ocorre de fato: no mundo off-line.

Além disso, sabe-se que a busca por melhores resultados precisa ser acompanhada de satisfação não apenas na chegada, mas no caminho, e que, ao encontrar o prazer na trajetória, você amplia as chances de sucesso e de quebra ataca uma das mais severas questões da atualidade: a dificuldade de viver o presente.

O excesso de futuro, fruto de tanta ansiedade, parece ter a força necessária, assim como as redes sociais, para nos tirar da realidade imediata, do aqui e do agora. Quanta vida passa despercebida ou é pouco aproveitada porque aguardamos aquela promoção, aquela mudança de emprego, o aumento de salário, a sequência na carreira, a mudança de cidade ou país para ficarmos satisfeitos? Quantas conversas entre amigos, interações entre parceiros e brincadeiras entre pais e filhos são interrompidas porque, com a cabeça no futuro, corremos ao celular à primeira notificação?

Novamente, a decisão de manter-se sempre presente é sua – eu não teria como propor uma solução para isso. Contudo, é importante dizer que, ao arquitetar sua jornada, vale notar que há uma relação direta entre performance e engajamento onde o futuro é construído: no aqui e agora. Seremos, portanto, mais capazes de obter melhores resultados como indivíduos e profissionais se focarmos no real e no hoje? As evidências indicam que sim.

Por fim, o conteúdo deste livro traz à tona vários autores da academia, ora do campo da neurociência, ora do campo das ciências que investigam o comportamento humano – aliás, confesso que, da primeira, sou entusiasta e, da segunda, estudioso dedicado. Minha intenção é mostrar como algumas contribuições desse conhecimento científico sobre o cérebro e o comportamento humanos têm ajudado a otimizar ainda mais o desempenho de atletas e equipes.

Em tempo, ofereço meu conhecimento tomado por um sentimento de dever similar àquele que tenho ao fazer eventos em empresas e entidades do terceiro setor. Nesses encontros, vejo pessoas sedentas por conexão, por algo que as inspire e as oriente na busca por mais e melhores realizações na vida. Ao interagir com elas, sinto-me impelido a levar adiante, a compartilhar generosamente o que aprendi em anos de trabalho e estudo no ambiente de excelência esportiva, tendo a possibilidade de conviver com gigantes do meio esportivo brasileiro e mundial.

O esporte pode ser visto como a evidência de que certas escolhas na vida são realmente determinantes – ao menos quando comparado às outras tantas escolhas que geram sonhos, projetos e tarefas inacabadas ou sempre por acontecer. É esse ponto de vista que compartilho com você.

Um livro pode ser a ajuda que falta para alguém tomar uma decisão, entender e resolver um problema, encontrar uma saída para um desafio, ressignificar perdas, ganhos, erros e acertos. Um livro pode ser o início de uma nova jornada.

É hora de arquitetar a sua!

Boa leitura!

LIMITADO: SINTOMA OU SENTENÇA?

Ponto de inflexão é um conceito matemático, um ponto específico em que a concavidade de uma curva se inverte. Na música, inflexão é a mudança de tom tocado. *Transformação* é, portanto, o que está por trás de qualquer inflexão.

Eu poderia muito bem começar esta história detalhando algo potente e transformador que me ocorreu em 2004, no pódio olímpico, em Atenas, na Grécia, com a medalha de ouro no peito. Mas não. Para vestir a coroa olímpica, acredite, meu ponto de inflexão ocorrera muitos anos antes. E em que cenário? Em frente a uma parede vazia!

Não era qualquer parede. Era um "paredão", no sentido literal e metafórico – era como se, por dentro, eu também estivesse repleto de argamassa, cal, areia e qualquer matéria possível capaz de me limitar e paralisar. E foi nesse ambiente, o mais inóspito possível, que descortinei meu futuro e quais seriam meus próximos passos.

***

Nasci e cresci em Novo Hamburgo, no Rio Grande do Sul, mas não fui um guri, como se costumam chamar os garotos por lá. Fui um tipo especial, um "gurizão", e justamente esse "ão", referência direta ao meu 1,88 metro, foi meu ingresso para o time de vôlei da cidade.

Eu não era bom em vôlei. Na realidade, não levava jeito para nenhuma prática esportiva. E, embora o treinador do time se recolhesse em manutenções diárias de fé para me manter na equipe, meu dia D haveria de chegar.

Em um período de ausência desse primeiro treinador, um atleta profissional do time de vôlei adulto assumiu a posição, e percebi de imediato que ele não tinha a mesma paciência do técnico habitual.

Um dia, ao dividir todo o time em duas equipes, o substituto não me incluiu. Sem entender, e provavelmente com essa dúvida estampada no rosto, ouvi: "Garoto, vá bater bola na parede".

Minha missão era dar quinhentos toques e quinhentas manchetes contra a parede, sem deixar a bola cair. Um jogaço: eu *versus* o paredão.

Sempre fui ótimo "cumpridor" de ordens e, em qualquer outro contexto, faria quinhentos, mil ou 3 mil do que quer que me mandassem fazer. Mas ali a mistura de sensações – raiva, rejeição, inferioridade e preterição – me fez encarar a parede não como adversária, mas como inimiga. O substituto queria melhorar minha técnica; eu, sumir dali. Resultado: dava dois toques e errava o terceiro. Demorei horas para dar quatro toques sequenciais. E ali passei boa parte do treino... cinco, seis, nove toques...

✱✱✱

Hoje, há uma série de ferramentas para fornecer feedback, sem que a pessoa tenha que passar horas em frente a uma parede. E há, ainda, várias maneiras de receber essas avaliações. O ponto de inflexão está em como processamos essas dinâmicas. A parede lhe parece limitadora e intransponível? Ou apenas um desafio para que, toque a toque, manchete a manchete, você desmembre cada pedacinho de concreto e vislumbre o mundo de possibilidades adiante?

UMA ESTÁTUA DE BRONZE PODE CONTAR MAIS HISTÓRIA QUE UMA MEDALHA DE OURO

Desde 2013, está eternizada em uma estátua de bronze, na largada da Maratona de Boston, a narrativa do *Team* Hoyt. A homenagem traz o estadunidense Dick Hoyt segurando os guidões da cadeira de rodas do filho, Rick. A obra tem tanto movimento em si que, só de olhar, é possível vislumbrar essa dupla cruzando a linha de chegada.

Rick nasceu em 1962, de um parto complicado: o cordão umbilical enrolado no pescoço impediu a oxigenação de seu cérebro. A paralisia cerebral decorrente da intercorrência impossibilitou o desenvolvimento de suas habilidades motoras.

A limitação, no entanto, era apenas física; não afetava em nada seus sonhos. Em 1977, Rick pediu ao pai para participar de uma corrida. Dick, que ainda não era corredor, muito menos atleta, aceitou! Foram 8 quilômetros percorridos, passo a passo, levando o filho até o fim da prova. O que poucos sabiam ali, naquela primeira competição, era que Rick também conduzia – e muito – o pai.

E foi assim que começou a inspiradora história esportiva da dupla, que participou de mais de mil outras provas, entre maratonas, triátlon e *ironman*! Entretanto, mais que uma narrativa do esporte, vejo esse fato como uma lição: paredes, por mais concreto que tenham em sua construção, não são sentenças definitivas. Não apenas nós mesmos precisamos saber disso como também aqueles que escolhemos ter à nossa volta enquanto nos preparamos, planejamos e competimos na vida. Precisamos mostrar para onde queremos ir. Rick mostrou isso e engajou o pai!

LIMITADO: SINTOMA OU SENTENÇA?

Quando eu estava ali, diante da minha primeira parede, tentando meus quinhentos toques, infelizmente, ainda não conhecia a inspiradora história de Rick e Dick Hoyt.

***

É unânime: enfrentar uma situação de imobilidade física pode gerar crenças limitantes. A questão é quando nos permitimos parar ao nos depararmos com obstáculos muitas vezes bem inferiores aos enfrentados por Rick.

Quantas pessoas você conhece que, ao se deparar com alguma dificuldade, se deixaram dominar por pensamentos limitantes e estagnaram? Aposto que muitas! Isso se você mesmo já não passou por experiência semelhante.

> **O PROBLEMA NÃO ESTÁ NO TAMANHO DA ADVERSIDADE A SER SUPERADA NEM NA FORMA DE TRANSPÔ-LA, MAS, SIM, EM CONSIDERÁ-LA COMO SENTENÇA, COMO DIAGNÓSTICO FINAL.**

Ao desafiar o pai a correr com ele, Rick poderia ter recebido como resposta duas possíveis justificativas que o impediriam de realizar seu sonho: "Filho, eu não corro, não vou conseguir" ou "Filho, para que competir se nunca conseguiríamos ganhar?". No entanto, ali o objetivo não era ultrapassar a linha de chegada em primeiro lugar, mas, sim, percorrer e vivenciar cada um dos 8 quilômetros. Ao término de uma prova, Rick disse, certa vez: "Pai, *quando* eu estou correndo, não me sinto uma pessoa com deficiência".[2] A jornada gerava mais vida ao garoto que aquilo que o aguardava na chegada.

Talvez, após a perda da esperança de superar um desafio, este seja o segundo grande problema que nos paralisa: sermos devotos do sucesso como destino. Arthur Robert Ashe Jr., tenista estadunidense e grande ativista social, refletia que "a ação é geralmente mais importante que o resultado".[3] E essa é uma das bases que sustentam este livro.

Ao analisarmos a etimologia da palavra "sucesso", vemos que ela tem origem no latim *succedere*, que basicamente é "o que vem depois". O sucesso só é possível *depois* do percurso; ignorar fracassos, erros e frustrações do processo pode, ao fim, minar seus objetivos, por causa da não observação de oportunidades de ajuste de rota e aprimoramento.

Quando estava naquele paredão, eu ainda acreditava que a concepção de sucesso seria materializar uma medalha olímpica de ouro no peito. Hoje, após ter vivido essa experiência, já não penso assim. A "estátua de bronze" da minha vida foi forjada com base em cada vivência – as boas e as ruins – da minha jornada.

ARQUITETANDO A PRÓPRIA CAMINHADA

Rick Hoyt recebeu o suporte do pai logo que manifestou seu desejo de correr. Ter uma rede de apoio que nos incentiva em momentos desafiadores é uma dádiva com a qual, infelizmente, nem todos podemos contar. Entretanto, as escolhas, as rotas traçadas e o próprio caminho percorrido pertencem a cada um de nós.

Traçar estratégias para construir e para aproveitar a própria jornada é um processo pragmático. Eu acredito fielmente nas **escolhas de comportamento**. E essas escolhas sempre estão ao nosso alcance; basta conseguirmos enxergá-las.

O SUCESSO SÓ É POSSÍVEL *DEPOIS* DO PERCURSO; IGNORAR FRACASSOS, ERROS E FRUSTRAÇÕES DO PROCESSO PODE, AO FIM, MINAR SEUS OBJETIVOS.

Ao compreendermos essa dinâmica, passamos a entender também a responsabilidade que temos (ou deveríamos ter) sobre nossa caminhada.

No entanto, não podemos fazer dessa responsabilidade um fardo. É necessário que a encaremos como oportunidade de nos tornarmos o guardião de nossa própria jornada, tomando como base a autonomia que ela nos gera. E, ao unificarmos responsabilidade e autonomia, tomamos posse do **protagonismo** da construção e do desenvolvimento do nosso trilhar.

✳✳✳

Nelson Mandela dizia que um clássico poema, intitulado "Invictus", escrito em 1875 pelo britânico William Ernest Henley, foi peça-chave para que conseguisse sobreviver vinte e sete anos aprisionado em Robben Island.[4] O líder sul-africano contou que encontrara nos versos um companheiro para transpor a dor daquele período torturante. A última estrofe diz: "Não importa quão estreito o portão/ Quão repleta de castigo a sentença/ Eu sou o senhor de meu destino/ Eu sou o capitão de minha alma".

> **RECONHECER-SE PROTAGONISTA DA PRÓPRIA HISTÓRIA, ALÉM DE FACILITAR A JORNADA, TRAZ ESPERANÇA À CAMINHADA.**

Há uma analogia que costumo utilizar para exemplificar como facilitar esse processo de protagonismo: nosso cérebro é semelhante a um aplicativo de trânsito; para usá-lo, é imprescindível saber o destino. Entretanto, para traçar o melhor percurso, é preciso saber *de onde você está saindo*. O mesmo acontece na vida. É necessário reconhecer sua realidade, ou seja, seu ponto de partida, para conseguir traçar a rota. E adianto: nem sempre a melhor rota será a mais rápida!

Muitas personalidades inspiradoras dão indícios, com base em suas histórias, de que nutriram o autoconhecimento, identificando e compreendendo suas limitações e escolhendo o melhor trajeto para superá-las. E fazem isso sempre as escancarando como sintomas de um estado transitório, não como o estado em si, como o diagnóstico final.

Ayrton Senna, por exemplo, ressignificou a chuva, inimiga do automobilismo. Ele observou e estudou as condições climáticas adversas ao esporte, refletiu sobre elas e, com treino e dedicação, desenvolveu técnicas para garantir alto desempenho, mesmo em pistas escorregadias e com baixa visibilidade.[5]

Cristiano Ronaldo aproveitou-se dos treinos para criar um ambiente de extrema disciplina e dedicação, o que lhe proporcionou uma liberdade: a não dependência única e exclusiva de seu dom inegavelmente inato.[6]

Nos próximos capítulos, vou me aprofundar em como as escolhas de comportamento podem elevar sua história, como fizeram essas personalidades.

SAÚDE MENTAL IMPORTA

Em minha trajetória, nem sempre consegui aplicar a alusão ao aplicativo de trânsito. Senti as consequências do esgotamento mental logo após me aposentar das quadras. Ao encarar um novo mercado – diferente de tudo o que fizera até então –, exasperei-me e encontrei conforto no trabalho incessante, sem descanso nem macroplanejamento. Estudava e trabalhava sete dias por semana, até a exaustão, em uma busca obstinada por resultados.

E qual foi a consequência disso? Parei de contemplar e apreciar a caminhada em si. E só percebi quando meu pai faleceu. Ali, me despedacei. Contudo, foi desses retalhos que me recosturei, dessa vez compreendendo que não precisava mais ser incansável; que não era (nem queria ser!) um super-herói.

Situações de perda e insucesso trazem uma lição fundamental a todos: é necessário ter consciência permanente da importância da jornada, seja para valorizar alguém querido ou para saber o real valor de viver algo, seja para entender que o "jogo" mudou e é preciso se adaptar a ele.

Justamente eu, que sempre tive como força reconhecer minhas fraquezas, por mais contraditório que isso soe, precisava identificá-las uma vez mais, e refletir sobre elas, para conseguir, em um processo consciente, tomar decisões inteligentes o bastante.

✳✳✳

Talvez você esteja passando por uma experiência semelhante, sentindo-se exausto com a pressão do trabalho, as relações ou alguma outra área da vida. Se esse for o caso, afirmo que ninguém, nem mesmo um atleta de alta performance, está imune a isso. É necessário, no entanto, identificar esse misto de sentimentos e saber agir quando ele persiste e nos desorienta, podendo, inclusive, nos fazer adoecer.

Um caso simbólico ocorrido nos Jogos Olímpicos de Tóquio, em 2021, foi o da ginasta estadunidense Simone Biles, que, durante a competição, desistiu de algumas provas em razão de problemas psicológicos.[7] Biles, conhecida pela capacidade de superar os próprios recordes e por conquistar o título de maior campeã mundial da história (dezenove ouros, três pratas e três bronzes), foi, dessa vez, reconhecida pela coragem de priorizar sua saúde mental.

SABER SE COLOCAR COMO PRIORIDADE, QUANDO PRECISO, É UM ATO DE RESISTÊNCIA, CORAGEM E SABEDORIA.

Outros casos emblemáticos mostram, a cada dia, a importância de dosarmos pressão e excesso de expectativas. Naomi Osaka, tenista japonesa com sete títulos importantes, retirou-se do Aberto da França para cuidar da saúde mental.[8] Em minha carreira como atleta, presenciei de perto outros muitos episódios similares, dentro e fora das quadras.

✳✳✳

Em 2022, uma nova classificação da Organização Mundial da Saúde (OMS) entrou em vigor, tornando a Síndrome de Burnout uma doença ocupacional, ou seja, relacionada ao trabalho. De acordo com o documento, a síndrome é o "estresse crônico de trabalho que não foi administrado com sucesso".[9]

Mas não apenas o esgotamento pelo trabalho invade a rotina dos brasileiros. Outras questões psicológicas são tão comuns quanto. Segundo estimativas da OMS de 2021, 9,3% dos brasileiros têm algum transtorno de ansiedade, e a depressão afeta 5,8% da população. Com isso, temos a maior taxa de depressão de toda a América Latina e a segunda maior da América, ficando atrás somente dos Estados Unidos, com 5,9%.[10]

Quando enfrentei o transtorno de ansiedade, comecei a reparar mais detalhadamente nos eventos que causavam esses episódios em mim e em todos aqueles que me rodeiam. Os especialistas que consultei na época diziam que, ao perder a conexão com o agora, sempre pensando no porvir, nas metas e no sucesso almejado, sem priorizar a jornada, as pessoas se tornam mais ansiosas. Somam-se a isso o mau uso da quantidade de informações e a conectividade disponíveis hoje, e aí está a inclinação perfeita para o desequilíbrio da nossa saúde mental.

DOS NOVE AOS QUINHENTOS TOQUES

Imagino que você esteja se perguntando como ressignifiquei o paredão de inimigo a aliado e tornei aquele episódio meu ponto de inflexão, algo decisivo para que eu construísse grandes conquistas ao longo da vida, como duas medalhas olímpicas – uma de prata, outra de ouro.

Dos nove toques sequenciais em diante, comecei a enxergar aquela parede como um horizonte de possibilidades. Deixei de me inundar de raiva e de sentimentos de injustiça e preterição para dar espaço a sentimentos inflamados de desejo de evolução. Foram dez, doze, quinze, vinte toques sequenciais.

Ao reconhecer meu desenvolvimento, passei a errar cada vez menos e a enxergar aquela parede, imponente e sólida, como meu próprio reflexo. Estávamos unidos no processo de evolução – eu, vívido, crescendo, e aquela matéria morta, estática. Eu me sentia capaz. O treinador, ao presenciar a cena, também reconheceu meu esforço e meu progresso.

Não é demérito nenhum ter e reconhecer limitações – aliás, nesta obra, quero mostrar que é parte da estratégia da arquitetura da jornada essa identificação. A grande diferença está em saber usar essa informação para evolução e aprimoramento. Este projeto literário é a oportunidade de percorrermos juntos essa jornada.

LIMITADO: SINTOMA OU SENTENÇA?

NÃO PREENCHA LACUNAS, RESSIGNIFIQUE-AS

"Os gregos treinavam para se adaptar à sua civilização; nós treinamos para suportar a nossa."[11] Essa citação de Jean Prévost, escritor e jornalista canadense, resume bem como motivadores da prática esportiva do período clássico e do contemporâneo se distanciaram, sobretudo quando consideramos a finalidade.

Na Grécia Antiga, a atividade esportiva – mais especificamente os Jogos Pan-Helênicos – tinha como escopo ser meio de evolução física e moral e aproximar o indivíduo da condição divina. Ainda não se via a obstinação pela vitória sobre o oponente; isso era apenas consequência do processo. Consideravam-se vitoriosos todos aqueles que superavam as *próprias* barreiras físicas e espirituais.[12]

Foi a partir do século XIX que começamos a presenciar a mensuração de marcas como um dos objetivos da competição, senão o maior deles. À medida que nossa sociedade começou a se pautar, nas áreas pessoal, profissional e até espiritual, em metas a serem superadas, o esporte se tornou espelho dessa dinâmica. Hoje, é quase inevitável entrar em um jogo de futebol aos domingos querendo ganhar do time adversário. Ou ansiar por diminuir o tempo de corrida em determinado trajeto ou aumentar o número de quilômetros corridos na esteira.[13]

Jacques Lacan, psicanalista francês responsável por criar bases essenciais à psicanálise contemporânea, dizia que "deve renunciar à prática da psicanálise todo analista que não conseguir alcançar em seu horizonte a subjetividade de sua época".[14] Não almejo aqui me aprofundar em teorias psicanalíticas, mas é indissociável refletir sobre as transformações na prática esportiva à luz da transformação da sociedade contemporânea. Atualmente, nossa cultura é a do resultado, e nossos ideais se transformaram em imperativos. É com o horizonte nessa civilização que exalta e clama pelo sucesso que precisamos entender nossos próprios anseios.

A professora e pesquisadora Katia Rubio, presidente e fundadora da Associação Brasileira de Psicologia do Esporte e editora da *Revista Brasileira de Psicologia do Esporte*, analisa esse contexto afirmando: "Numa época onde a valorização dos resultados sufoca os seres humanos, a aceitação de limites individuais é a maior prova de superação que um indivíduo pode proporcionar a si próprio".[15] E tomo a liberdade de acrescentar: a aceitação dos limites e a ressignificação destes em pontos de inflexão.

EXISTE POTE DE OURO NO FIM DO ARCO-ÍRIS?

"André, tive que tomar uma decisão sobre os centrais da Seleção, e, no momento, o central cortado é você." Foi exatamente essa a frase que ouvi de Bernadinho, em meados de 2002, quando ele estudava o time que comporia a Seleção para o Campeonato Mundial, a ser realizado na Argentina. Essa competição seria o grande desafio daquela geração antes dos Jogos Olímpicos de Atenas, em 2004.

As Olímpiadas de Atenas eram um marco para os atletas. Havia toda uma aura e estética envolvidas na edição, que retornaria à casa após dois milênios e meio de sua origem. Mas, para mim, não era só isso. Eu a encarava como minha última chance. Estaria com 28 anos; para mim, o limite para um atleta olímpico. Portanto, não teria chance de competir em Pequim, na China, em 2008. Era agora ou nunca!

A sentença veio pela boca de Bernardinho, e, na minha cabeça, aquelas palavras significavam uma única coisa: "Nunca!".

A frustração e a raiva que senti deram lugar, aos poucos, ao racional, e eu o questionei: "Está bem, e o que preciso fazer para voltar à Seleção?". De pronto, ele me disse que precisava trabalhar o técnico e o comportamental – meu bloqueio e minha liderança, respectivamente.

Confesso que, de imediato, não sabia muito bem o que fazer com aquele feedback. O que sabia era que tudo o que entregava já não era suficiente para a Seleção. Em um momento reflexivo, notei que tinha duas escolhas: desistir, uma vez que meu grande objetivo, minha meta de ser titular nas Olímpiadas, não se cumpriria, ou persistir, compreender a caminhada que teria de traçar, dia a dia, para retornar e tentar mais uma vez. E você sabe qual foi a minha decisão.

SE O PAREDÃO FOI MEU PRIMEIRO GRANDE PONTO DE INFLEXÃO, O CORTE DA SELEÇÃO FOI O SEGUNDO.

***

Voltei para o clube em que jogava e logo me tornei capitão. Em meses, aprendi mais sobre liderança do que aprendera a vida toda. Naquele momento, eu não precisava apenas ser um atleta com habilidade técnica, mas também com competências comportamentais apuradas: contribuir para engajar a equipe, ser um bom comunicador, tomar decisões que desenvolvessem cada integrante do grupo e, ao mesmo tempo, o time como um todo.

Nesse mesmo período, ocorreram minhas primeiras experiências com o estado de *flow*. Criado pelo psicólogo húngaro Mihaly Csikszentmihalyi, o conceito sugere o estado em que "a pessoa fica tão envolvida numa atividade que nada mais parece importar, em que a experiência em si é tão apreciada que nos entregamos a ela, mesmo a um alto preço, pela mera satisfação de vivê-la".[16] Na intensa rotina de treinos que estabeleci, eu já não pensava em Atenas, não ficava martelando na cabeça a frase de Bernardinho, mas apreciava cada boa jogada que fazia; orgulhava-me de como estava ajudando e estimulando o time, ficando atento a tudo o que devia ser aprimorado.

Embora seja fácil considerar o conceito de *flow* como uma experiência boa, "relaxante", quem o vivenciou sabe que não é bem assim. O cerne é o aqui, o agora, independentemente de ele causar dor ou prazer. O estudo ficou tão conhecido que hoje é utilizado na psicoterapia clínica, na reabilitação de delinquentes, na organização de exposições em museus e em muitas outras áreas. Ou seja, não é uma experiência restrita às elites nem às pessoas disciplinadas, mas uma forma democrática de experiencia o momento.

Foi com base nessa jornada, necessária para evoluir as duas lacunas que havia em mim, que criei a metodologia da Matriz da Excelência – que ainda será abordada neste livro –, composta de dedicação, capacitação continuada, comprometimento e engajamento.

40   **FOQUE A AÇÃO, COLECIONE RESULTADOS**

Embora minha meta fosse, sim, ser titular da Seleção, comecei a valorizar, como nunca, o percurso. Baseei-me nas palavras do neurologista, filósofo e psiquiatra austríaco Viktor Frankl: "Não almeje o sucesso – quanto mais visá-lo e fizer dele um alvo, mais vai errar. Pois o sucesso, como a felicidade, não pode ser perseguido, ele deve acontecer".[17]

Neste livro, deixo sempre claro que não há problema em estabelecer metas e nutrir a ambição de conquistá-las. Mas *como* e em *que lugar* nossa cabeça está durante o processo de "chegar lá", garanto, importa mais que o fim. Ter entusiasmo na jornada é imprescindível.

Gosto muito de utilizar com meus mentorados o mito do arco-íris e o pote de ouro. Embora clichê, ele representa bem a nocividade da cultura do resultado. A lenda irlandesa de que ao fim de um desses belíssimos fenômenos naturais há um pote repleto de ouro tornou-se metáfora e guia para a vida de muitos. A pessoa, então, percorre, durante toda a vida, seu próprio "arco--íris", sem nem observar a beleza do fenômeno, só em busca do objetivo final. Mas o que preciso lhe contar é que o arco-íris é um fenômeno em que a luz solar se refrata em uma gota de chuva e tem comportamento prismal. Ele não tem fim.

Assim é na vida.

PARE DE SE COMPARAR AGORA MESMO

Não há quem não conheça o Bruninho, Bruno Mossa de Rezende, levantador da Seleção Brasileira de vôlei. Com três medalhas olímpicas – uma de ouro e duas de prata – e a genética – filho de Bernardinho, também medalhista de vôlei, parte da inesque-cível geração de 1984, um dos melhores treinadores de vôlei da história, e de Vera Mossa, fantástica jogadora da Seleção feminina de vôlei –, seria muito fácil para qualquer um acreditar que Bruninho, com o esporte correndo nas veias, armava os ataques no berçário da maternidade. Mas a história não foi bem assim...

Desde a minha primeira vivência com Bruninho, entre 2002 e 2003, quando ele iniciou os treinos no time em que, à época, eu era capitão, reconheci naquele garoto que ainda não tinha nem 20 anos a proatividade, a humildade e a maturidade incomuns a um rapaz tão jovem. E, embora estivesse claro quão sua evolução técnica seria desafiadora, eu sabia desde então que essas outras *skills* o fariam chegar lá. E, de fato, isso aconteceu.

Em entrevista para este livro, Bruninho contou que as incessantes comparações técnicas com outros levantadores que a Seleção tivera o deixavam com um sentimento de que precisava, a todo momento, provar para as pessoas que conseguiria ter capacidade técnica igual ou melhor aos anteriores. Foi por meio de árduo processo de desenvolvimento que Bruno entendeu que não precisava ter as mãos tão brilhantes como o levantador anterior, mas apenas refletir sobre suas limitações, aceitá-las e trabalhá-las, ao mesmo tempo que reconhecia suas virtudes diferenciais. Unindo ambos os recursos – limitações e virtudes –, ele compreendeu que conseguiria, a seu modo, gerar ótimos resultados para o time.

Quando questionado sobre o que diria se tivesse a oportunidade de dar um conselho ao Bruninho que conheci, em seus 20 anos, ele respondeu: "Eu diria para ele acreditar no processo, no dia a dia. Não pensar só nos resultados".

Bruninho tornou-se um grande atleta dos clubes em que jogou e da Seleção, tanto em comportamento quanto em técnica. É reconhecido como um dos melhores levantadores do mundo. E toda essa construção foi feita sabendo valorizar a jornada e aprendendo com cada bifurcação que a vida lhe impôs. Talvez, se seu foco estivesse apenas no pote de ouro, ali nas comparações quando começou a construir sua história no vôlei, Bruninho tivesse desistido.

TER ENTUSIASMO NA JORNADA É IMPRES-CINDÍVEL.

Ressignifique, portanto, suas limitações; elas não são seu cárcere privado, mas possibilidades de aprimoramento de competências e habilidades. Bruno Rezende sabe bem disso.

✳✳✳

Ainda sobre ressignificar as limitações, um ponto da minha história que poucos sabem é que nasci com asma. Até hoje, ela é uma companhia indesejada, mas com a qual já sei lidar com naturalidade.

Quando criança, os médicos aconselharam minha mãe a me colocar em alguma prática esportiva, já que eu não reagia tão bem aos medicamentos. Incentivaram a natação, que, em tese, melhoraria meu sistema respiratório. Mas o que não sabíamos era que eu tinha alergia a cloro. Uma limitação se sobressaindo à outra, assim se poderia pensar.

Em um segundo momento, fui para o basquete. Era alto, mas minha coordenação motora – na realidade, a falta dela – inviabilizava qualquer possibilidade de destacar meu mais de um 1,80 metro. Mais uma limitação.

Com a abertura do processo seletivo da escola para atletismo, meu professor, de olho no tamanho de minhas pernas e na ausência de gordura (e, na época, de músculos também), pediu que eu me inscrevesse. Corri e me destaquei; pulei e me sobressaí; até no salto em altura eu fui bem. Foi ali meu primeiro passe para o mundo do esporte. Não me comparei com quem já treinava. Simplesmente estava ali e fiz aquilo que o professor me pedia. Cheguei a minha casa e joguei a mochila, enquanto gritava: "Mãe, mãe, vou ser atleta".

Como você sabe, não fui adiante com o atletismo. Mas a asma, minha limitação, foi o ponto de partida para que eu me tornasse aquilo que gritava dentro de mim: um atleta!

✳✳✳

O processo de comparação excessiva, que antes se limitava aos ambientes competitivos, como as quadras ou o mercado corporativo, hoje, com o fenômeno desenfreado das redes sociais, é presença marcante e pulsante na vida de todos.

Quem, navegando por esses aplicativos, nunca achou o corpo, a família, a viagem ou até o trabalho do outro melhor que o seu? A comparação, no entanto, não precisa ser, necessariamente, um ato destrutivo. Analisar o outro em relação a nós mesmos pode ser um impulsionador de melhorias em nossa vida. O problema está em quando paramos na comparação, ou nos comparamos ao irreal, ou, ainda, quando, incentivados pelo algoritmo das redes sociais, fazemos disso um vício.

Não sou crítico das redes sociais; tenho perfis abertos em algumas delas. Acredito que, se bem usadas, elas podem ser recursos fantásticos para o desenvolvimento pessoal. Entretanto, vejo como necessidade urgente refletirmos sobre o uso e, mais ainda, sobre como educar os mais jovens – nativos digitais – quanto às nocividades possíveis que o mau uso das redes pode causar.

Um estudo realizado em 2019 pela instituição de saúde pública do Reino Unido, Royal Society for Public Health (RSPH),[18] em parceria com o Movimento de Saúde Jovem, mostrou que navegar pelo Instagram impacta na autoimagem e no FOMO.[19] Quase 70% dos entrevistados relataram que o aplicativo impacta sua percepção de imagem – e o número sobe para 90% quando segmentado em participantes do gênero feminino.

Acreditar no sucesso pleno e fácil, conquistado por meio de uma receita de bolo transmitida pelas redes sociais, é ser irrealista, senão inocente. Nenhuma metodologia, livro (inclusive este!) ou curso o fará atingir seus objetivos e conquistar tudo o que você ambiciona. Todos podem ser pontos de partida, incentivadores para sua mudança e seu desenvolvimento, mas o protagonismo dessa jornada é individual. E é preciso tomar posse dessa responsabilidade.

A ESCALADA DE EXPECTATIVAS

Ana Carolina Barcellos, conhecida publicamente como Carol Barcellos, é uma jornalista esportiva carioca. Ela iniciou a carreira em 2004 como estagiária no SporTV; hoje, é apresentadora do programa *Planeta Extremo*, no qual vive experiências intensas, como uma ultramaratona no deserto do Atacama e adentrar cavernas escuras e profundas no interior da China.

No livro *Quebrando os limites*,[20] Carol apresenta os bastidores de cada uma dessas experiências e de tudo aquilo a que renunciou para vivenciar esses desafios. Parafraseia Bernardinho para categorizar sua jornada: "Tem que querer a preparação mais do que se quer o resultado".

A ruptura de Carol com a cultura excessivamente voltada ao resultado foi o que mais saltou aos meus olhos. De modo direta, a jornalista diz que, se não houver prazer na jornada, vira tortura, resumindo bem tudo o que foi apresentado até aqui: a causa de nossas limitações pode ser a cultura à qual pertencemos, voltada ao sucesso como o único caminho possível.

Carol conta que, em todas as maratonas de que participou, mais que o número que indicava o relógio ao ultrapassar a linha de chegada, foi o que cada hora de prova gerou como ensinamento e lição que ficou cravado na lembrança.

✳✳✳

Meu objetivo com este capítulo é enfatizar a importância de refletirmos sobre *por que* nos paralisamos. Garanto que a cultura voltada ao resultado é mais limitadora que as próprias limitações.

A escalada de expectativas sem o acompanhamento da escalada das vivências reais – boas ou ruins, prazerosas ou dolorosas – para viabilizar essas expectativas é, em minha opinião, a fórmula da infelicidade e do descontentamento.

Outro fator importante de análise é o quanto nossos alvos são, de fato, nossos ou fruto de uma pseudonecessidade imposta por terceiros.

Você realmente precisa ter uma mansão? Um corpo com 8% de gordura? Chegar ao cargo de CEO na empresa? Ter milhões de seguidores? Ou simplesmente passar mais tempo com a família ou fazendo algo que lhe interessa de verdade bastaria?

Ao estabelecermos uma meta e a cumprirmos, logo criamos uma nova, em geral ainda mais desafiadora. Além disso, nosso próprio ideal de sucesso vai se transformando ao longo da vida. O que hoje é importante para nós amanhã já não fará tanto sentido. E não há problema nessa dinâmica, desde que o ponto da criação do objetivo até a realização dele seja, de fato, vivenciado e aprendamos mais com a experiência que apenas com o resultado.

O estarmos bem conosco, sentindo-nos protagonistas e escritores da nossa própria história, ordenando a consciência para as tomadas de decisões é o ponto-chave para compreendermos nossas limitações e as utilizarmos como pontos de partida para ir além daquilo que os outros (ou nós mesmos) tentam nos impor.

"A graça do desafio está no percurso para vencê-lo", enfatiza Carol Barcellos. Assino embaixo e acrescento: encontrar estímulo no percurso é o que, de fato, nos faz chegar ao fim com sentimento de realização e pertencimento.

NAUFRÁGIO OU REDENÇÃO?

A frase que dá título a este capítulo surgiu durante a conversa que tive com o querido Lars Grael durante meu processo de escrita desta obra. O famoso velejador brasileiro me contou sua inspiradora trajetória e, de quebra, me entregou o exemplo perfeito para ilustrar o tema deste capítulo: o papel decisivo das escolhas comportamentais em nossa trajetória pessoal e profissional.

Filho de tradicional família de iatistas, Grael sofreu um acidente em setembro de 1998. Durante uma competição no Espírito Santo, uma lancha invadiu, em alta velocidade, a área reservada aos atletas, batendo em seu barco e mutilando sua perna direita. Lars, então, decidiu afastar-se do esporte por tempo indeterminado.[21] O episódio mudaria muito daquilo que ele planejava e já escrevera no roteiro de sua vida. O que se pode dizer hoje, no entanto, é que a história daquele que se tornaria um dos maiores velejadores do Brasil sofreu uma reviravolta. Grael precisou escolher o que fazer com aquele episódio trágico e traumático.

Mais de vinte anos depois, sabemos que a decisão tomada por ele transformou sua trajetória de maneira incrível e, ainda por cima, impactou milhares de outras vidas. A questão é: como ele conseguiu ressignificar aquele momento doloroso? O fato é que Grael teve comportamentos e atitudes conscientes, positivos e direcionados à construção da nova jornada.

Em nossa conversa, Lars conta que, como todo mundo, jamais imaginou que sofreria acidente tão violento, algo totalmente fora de seu mapa de riscos – em geral, amplo no iatismo, dados os desafios de qualquer atividade na água. Entretanto, ao se ver naquela situação, logo entendeu que a luta não era mais por medalhas e troféus, mas pela própria vida.

Há um ditado que diz que é preciso saber escolher bem as próprias lutas, certo? Bem, acrescento a ele: é preciso também respeitar o tempo de cada luta – algo que, em último caso, reforça a importância de aproveitar a jornada e aprender com ela.

Já fora de risco, ainda em 1998, Lars foi convidado pela Presidência da República para ser Secretário Nacional de Esportes no então Ministério do Esporte e Turismo. A partir desse momento, falar em público passou a fazer parte de sua rotina. Foi quando, além de exercer a nova atividade oficial, Lars começou a ser convidado para palestrar em diversas organizações.[22]

Hoje, o velejador reflete que, à época, não tinha ideia de seu potencial como palestrante. Oratória, retórica, *storytelling* e presença de palco eram, para Lars, competências que não existiam em seu repertório. No entanto, passados mais de vinte anos, ele acumula mais de *novecentas* palestras. Nelas, generosamente, o ex-atleta compartilha aquilo que a prática esportiva lhe deu quando mais necessitou: saber tomar poder de suas escolhas comportamentais, usando-as como força motriz de superação, realização e sucesso.

Dedicação, aprimoramento e resiliência, nesse sentido, atuaram como habilidades comportamentais definidoras, verdadeiras peças-chave no sucesso de Grael. Imagine quanto uma mudança brusca – como a vivenciada pelo então esportista – é capaz de "derrubar" alguém!

Para o velejador, há dois grupos de pessoas resilientes: no primeiro, estão as geneticamente predispostas a tal, que nascem com esse padrão de comportamento; no segundo, aquelas que se construíram resilientes e determinadas – e essa construção pode ser facilitada pela família, pela educação formal, pela poderosa figura daqueles que as inspiram e, sobretudo, pelas escolhas de comportamento de cada uma delas.

Acredito que, na classificação de Grael, minha história e a dele, de alguma maneira, se encontram no segundo grupo. Ele teve que superar um trauma indizível e continuar sendo profissional. Eu era um aspirante a atleta, desajeitado e precário, do interior quase esquecido do Rio Grande do Sul. Desafios totalmente diferentes, claro, mas soluções similares: escolhas de comportamento. No caso de Lars, resiliência e foco foram determinantes para que ele lidasse com uma carreira e um sonho olímpico interrompidos – as escolhas de comportamento tornaram aquilo que poderia ser paralisador uma alavanca de sua jornada.

Quando estava despontando como gestor e palestrante, Grael retomou o esporte. A partir de meados da década de 2000, começaram a vir as novas conquistas: um título mundial, cinco títulos continentais e dez nacionais.[23]

Aliás, o título mundial de 2015, conquistado na Argentina, veio com Samuel Gonçalves como proeiro, atleta fruto do Projeto Grael, fundado em 1998 pelos medalhistas olímpicos Lars Grael, Torben Grael e Marcelo Ferreira. Trata-se de uma organização não governamental que tem como objetivo democratizar o acesso de jovens à prática do esporte da vela e, portanto, contribuir para a transformação social. Difícil não ver nesse episódio a influência do Lars líder.

Em suma, não basta nascer em um ambiente de alta performance ou pertencer a uma família de superatletas se suas **escolhas comportamentais** o sabotam.

CADA UM TEM O PRÓPRIO *ENDURANCE* PARA ENFRENTAR

Ernest Shackleton é um dos exemplos apontados por Lars Grael no que diz respeito a como as habilidades comportamentais impulsionam nossas narrativas. Ernest, nascido em 1874, foi um explorador polar anglo-irlandês que liderou três expedições britânicas à Antártida. Logo na primeira, quando escolhido pelo oficial da Marinha britânica para participar da empreitada a bordo do navio *Discovery*, enfrentou condições climáticas inóspitas e ficou gravemente doente, tendo de retornar para casa.[24]

A inflexão do aventureiro se deu ali, no primeiro "paredão". Para continuar a jornada, seria necessário fazer uma escolha difícil, que o exporia a condições nunca experimentadas – seria preciso ter resiliência, foco, compromisso e liderança.

Em 1907, Shackleton desafiou-se como explorador e partiu para a Antártida a bordo do *Nimrod*, embarcação antiga e sem condições de enfrentar o cenário inóspito do continente gelado. Foi nessa viagem que, encarando as mais severas adversidades, ele bateu o recorde de aproximação do polo Sul.

A história mais comovente de Ernest, entretanto, deu-se a bordo do *Endurance*, em 1915. Ali, o que poderia terminar em tragédia se tornou exemplo de como, mesmo em situações extremas, podemos recorrer à nossa inteligência comportamental.

Em determinado momento da viagem, o barco ficou preso no gelo, e a expedição foi interrompida. Com picaretas, a tripulação tentava arduamente, sem sucesso, abrir caminho na grossa camada congelada. Pouco tempo depois, todos estavam completamente encalhados. Com o inverno à espreita, Shackleton tomou sua primeira decisão importante: aguardar um clima mais ameno para tentar sair dali. Liderança, empatia e atitude positiva foram os primeiros ingredientes a garantir a sobrevivência do explorador e dos 27 colegas tripulantes.

Essa decisão, entretanto, gerava sérias consequências: fome, frio, esgotamento emocional, nervosismo, ansiedade e depressão. O comandante sabia que deveria manter o foco da equipe no que de fato fosse essencial para garantir a sobrevivência de todos, driblando, assim, pensamentos e atitudes que pudessem sabotar a missão. O explorador logo organizou uma rotina que envolvia jogos, estudos meteorológicos, limpeza de bordo em equipe e partidas de futebol. O que poderia ser um oceano de lamentações, reclamações e desespero transformou-se em um poderoso ambiente colaborativo. Ali estavam os tripulantes, pessoas comuns que, encorajadas pelo líder, escolheram fazer algo extraordinário naquele local até então inabitável: sobreviver.

Após dois invernos em um dos locais mais rudes para a sobrevivência humana, Shackleton conseguiu construir um ambiente de confiança e interdependência positiva, em que todos compreenderam ter um propósito comum e, sobretudo, se deram conta de que todas as atitudes e comportamentos deveriam ser direcionados à manutenção da vida. Os ensinamentos do aventureiro e de sua equipe seguem sendo disseminados – inclusive, são tema de um renomado curso on-line da Harvard Business School.[25]

O mais curioso é que, à medida que escrevia este livro, em março de 2022, mais de um século após o naufrágio, o *Endurance* foi localizado no mar de Weddell, na Antártida. Os exploradores contaram como ficaram impressionados com a conservação do barco após tanto tempo: "[...] intacto e em estado de preservação brilhante".[26] As escolhas que Shackleton e sua tripulação fizeram resguardaram não só a vida deles como os mantiveram inspirando milhares de pessoas.

Após mais de trinta anos atuando no ambiente esportivo de alta performance, mais de uma década frequentando outros ambientes igualmente competitivos e estudando comportamentos, afirmo, com tranquilidade e convicção: a base do desempenho e dos resultados são as escolhas comportamentais.

A partir de agora, eu o convido a trilhar esse caminho comigo. Tenho confiança e segurança de que você também pode construir – ou melhor, arquitetar – sua própria jornada, repleta de escolhas conscientes, agregando valor à sua trajetória, à sua carreira e à sua vida, gerando, assim, os mais incríveis resultados.

A exemplo do que aconteceu com Shackleton no *Endurance* e com Lars Grael no iatismo, tenha em mente que é possível: compreenda e acredite que os recursos mais poderosos já estão em suas mãos: seus comportamentos.

✱✱✱

O que preciso dizer – e talvez você já saiba – é que hoje, em um mundo em constante transformação e com a tecnologia preenchendo cada vez mais os espaços de trabalhos operacionais, as competências comportamentais, ou *soft skills*,[27] são imprescindíveis. Entre elas, destaco atitude positiva, autoconfiança, colaboração, inteligência emocional, adaptabilidade, ética e comunicação.

Em 2019, o Institute for Business Value (IBV), da IBM,[28] lançou um estudo com 5.670 diretores-executivos de 48 países para compreender as habilidades que os líderes precisariam desenvolver e aprimorar em um futuro próximo. Embora a hipótese sugerisse que os dados se mantinham próximos aos da pesquisa anterior, de 2016, na qual os executivos valorizavam as habilidades digitais como ímpares, o resultado foi surpreendente: agora, esses líderes priorizam as habilidades comportamentais. Observe a mudança na figura a seguir.

Atualmente, os executivos apontam habilidades comportamentais como as mais importantes. **Fonte:** Adptada de *The enterprise guide to closing the skills gap: strategies for building and maintaining a skilled workforce.* Report IBM, 2019.

Perceba que as quatro primeiras habilidades do estudo de 2018 são **todas** comportamentais! A base da performance, o andaime do desempenho e da produtividade de *qualquer* profissional de *qualquer* área de atuação é o comportamento. Essa é a ponte entre as habilidades técnicas e a performance.

NÃO SEJA SEM QUERER, SEJA DE PROPÓSITO!

" [...] transformar o país por meio do desenvolvimento de líderes e organizações", essa é a missão da HSM.[29] Fundada em 1987, a empresa se consolidou como referência internacional em gestão e negócios, com várias frentes de atuação. E muito disso se deu porque José Salibi Neto, seu cofundador, decidiu, em determinado momento, sonhar grande: "Quero tornar a HSM a melhor do mundo na área de educação corporativa". E assim foi. Hoje, a empresa conta com mais de quatrocentos eventos em todo o mundo, mais de 168 mil participantes, além de mais de 16 mil cursos corporativos ministrados.

Assim como a HSM, toda empresa precisa ter consolidada sua missão, que nada mais é que a afirmação consistente e constante de seu propósito: o porquê de sua criação e permanência no mercado. E isso não é diferente quando pulamos do CNPJ para o CPF. É essencial termos clareza de qual é nossa missão, do propósito que projetamos para nossa vida. O "sonhar" das pessoas é a base dos grandes sucessos corporativos.

Se Salibi não tivesse sonhado alto, o propósito da HSM não existiria; se tivesse se conformado com as conquistas corporativas, não impactaria, em parceria com Sandro Magaldi, a vida de milhares de pessoas, com suas obras sobre gestão, liderança e cultura organizacional.

José Salibi Neto é um dos maiores pensadores de gestão no Brasil. Grande amigo e potente inspiração, ele conviveu, trabalhou e adquiriu conhecimento e aprendizados com os principais pensadores de gestão do mundo, como Peter Drucker, Michael Porter, Philip Kotler e outros. Em 2016, após mais de trinta anos dedicados à empresa, parou e refletiu sobre novas perspectivas e desafios que desejava encarar.

O "pensar grande", sempre pulsante em Salibi, motivou-o a se reunir com Sandro Magaldi, considerado um dos maiores especialistas em gestão estratégica e vendas do país. Juntos, eles detectaram uma lacuna no cenário brasileiro: enquanto a tecnologia evoluía em velocidade antes inimaginável, o pensamento da gestão estava estagnado. Começaram a sonhar (grande!) e colocaram as ideias no papel. Em entrevista para este livro, Salibi contou que ele e Magaldi não só criaram o melhor que poderia ser feito como criaram algo diferente de tudo que até então fora idealizado. O resultado é palpável: o livro *Gestão do amanhã*[30] mudou a maneira de pensar a gestão e vendeu mais de 70 mil exemplares.

SONHAR GRANDE É SER DISRUPTIVO

No livro *Gestão do amanhã*, os autores apresentam alguns alicerces para o novo perfil de líder procurado pelas organizações atuais. Embora sonhar e pensar grande sejam objetivos consagrados, surgiu, com Salibi e Magaldi, um novo conceito: pensar *bold*.

Bold, nas artes gráficas, é o negrito que realça as letras. *Make bold*, em inglês, significa "ousar". Quando trazemos o termo para os sonhos e propósitos, ultrapassamos o lugar-comum, quebramos os paradigmas, rompendo a ordem tradicional e transformando recursos ordinários em resultados exponenciais. Os autores, inclusive, afirmam que "o pensar grande está para o pensamento linear assim como o pensar *bold* está para o pensamento exponencial".[31]

O profissional que sonha *bold* é tomado pela ousadia, o que lhe proporciona, consequentemente, audácia, coragem e protagonismo na carreira. Não podemos, no entanto, confundir sonhar *bold* com uma idealização megalomaníaca e irreal; ao contrário, esses sonhadores têm como base a autoconsciência de reconhecer suas habilidades. Mario Sergio Cortella afirma que "há pessoas que procrastinam porque desejam o delírio, não o sonho. O sonho é o desejo factível, o delírio é o desejo não factível".[32] O que diferencia, portanto, o sonhar *bold* do delírio é a qualidade de ser exequível.

✳✳✳

Um exemplo contemporâneo do sonhar *bold* vem da executiva Cristina Junqueira, engenheira e empresária brasileira, uma das fundadoras da *fintech* Nubank e atual CEO da empresa.

Mesmo quem acompanhou o processo de IPO[33] da Nubank dificilmente sabe a trajetória, repleta de rupturas e ousadia, que levou a empresária ao posto de segunda brasileira mais rica do país, de acordo com a *Forbes* de dezembro de 2021, atrás apenas de Luiza Helena Trajano, presidente do conselho de administração do Magazine Luiza.[34] Poucos devem imaginar que, em dois pontos de inflexão de sua carreira – na abertura do negócio e na IPO –, Junqueira deu à luz o primeiro filho e estava prestes a dar à luz o terceiro. Assim como os sucessos na empresa, a concepção da família também era sonho da empresária.

A primeira grande ruptura da trajetória profissional de Cristina ocorreu em 2013, quando trabalhava em um banco tradicional. Bem-sucedida em um cargo de liderança na instituição, mas vendo suas propostas de inovação nunca acatadas, a executiva pediu demissão no dia em que ganhou o melhor bônus de sua vida. Embora sem rumo imediato, não tardou que Junqueira forjasse seu novo propósito. Percebendo o hiato no avanço das instituições financeiras em atendimento e taxas, somou sua vivência como gestora de um banco tradicional à dor de David Vélez, empreendedor colombiano que morava em São Paulo e, em 2013, tivera uma experiência traumática ao tentar abrir conta em um banco. Com Edward Wible no time, os três empreendedores viram a oportunidade e criaram o Nubank, que tem como propósito, desde a fundação, "lutar contra a complexidade para empoderar pessoas".[35]

No início da startup, Junqueira, Vélez e Wible cuidavam de todas as operações. Cristina era a responsável pelo atendimento ao cliente – todas as ligações do 0800 eram, de imediato, redirecionadas ao celular dela. O foco era a experiência do cliente, que, a princípio com os três sócios, construiu os pilares da cultura da empresa.

Por trás do sucesso da startup, entretanto, estão investimentos em dedicação e tempo, suor e até as habilidades em telemarketing de Junqueira, Vélez e Wible. O sonhar *bold* de cada um deles possibilitou o império que conhecemos hoje. Junqueira rompeu o estereótipo do que ainda se espera do empreendedor de startup do mercado financeiro. Ela, mulher, esposa, mãe de três filhos, começou a carreira no mercado financeiro tradicional e usou suas vivências para, além de criar o banco mais valioso da América Latina, tornar-se referência para outras pessoas. Atualmente, Cristina Junqueira compartilha

É ESSENCIAL TERMOS CLAREZA DE QUAL É NOSSA MISSÃO, DO PROPÓSITO QUE PROJE-TAMOS PARA NOSSA VIDA.

seus propósitos pessoais: o sonho da educação financeira nas escolas e a criação de um círculo virtuoso de liderança feminina.

> **[...] assumo aqui o risco de continuar fazendo desta minha vida de empreendedora uma jornada também pessoal. Confiante na minha lucidez para defender argumentos que estejam fundamentados em fatos e não apenas em ideologias, apesar do julgamento adicional (e irracional) que sei que virá, decidi abraçar a minha responsabilidade, na esperança de que a minha voz reforce e se una a tantas outras que hoje lutam para um mundo mais inclusivo e justo para todas as mulheres,**

disse Junqueira em sua estreia como colunista da revista *Marie Claire*.[36]

Junqueira, pensando e sonhando *bold*, foi a segunda bilionária self-made brasileira no ranking mundial da Forbes, um dos principais reconhecimentos do mundo dos negócios, atrás apenas de Luiza Helena Trajano.[37]

NÃO SONHE SEM QUERER, MAS "DÊ" *PROPÓSITO*

Como autor e com minha trajetória de vida, não há como separar o fio condutor deste livro – a Matriz da Excelência – do esporte. Salibi também traz essa conexão em sua trajetória: grande tenista na juventude, destaque no fim dos anos 1970 e início dos anos 1980, ele conta que a prática esportiva não só o ajudou em termos de saúde física e mental como o fez transpor obstáculos que, em teoria, poderiam estagná-lo em vislumbrar outras perspectivas. Entre disciplina, superação e resiliência, o esporte lhe ensinou a estabelecer claramente seus **propósitos** e a traçar um caminho consciente e factível rumo às suas metas.

Em 1996, eu jogava em um time profissional de uma universidade. Era um garoto em pleno desenvolvimento, em uma equipe composta de profissionais reconhecidos e estabelecidos na carreira. Um dos atletas, ao me ver ali no dia a dia, dando meu máximo, começou a se aproximar durante os treinos. Nessa dinâmica, passou a me chamar de "André Sydney 2000", porque as Olimpíadas seguintes seriam justamente em 2000 e em Sydney.

O apelido era, a princípio, uma brincadeira, mas minha dedicação e consequente evolução nos treinos começaram a tornar esse "pseudônimo" uma *possibilidade* em minha mente. Ali, então, estabeleci como propósito minha participação em Sydney e desenhei qual caminho e movimento precisava cumprir para chegar a esse ponto.

Quatro anos depois, lá estava eu, na Austrália, em minha primeira Olimpíada.

✳✳✳

"Sonhar grande dá o mesmo trabalho que sonhar pequeno."[38] Talvez você já tenha ouvido essa clássica frase no mundo corporativo, mas quero contar a história do autor dela, Jorge Paulo Lemann, citado, inclusive, como uma das maiores inspirações de José Salibi Neto. O ponto de partida da relação entre eles se deu quando eram jovens, nas quadras de tênis.

Natural do Rio de Janeiro, Lemann é, hoje, o homem mais rico do Brasil. Apelidado "Conquistador da América" pela *Forbes*, foi e é investidor e gestor de grandes empresas, como

AB Inbev, Burger King, Kraft Heinz, além de um dos investidores nos primórdios da XP Investimentos.

Igual a Salibi, Lemann destacou-se como tenista: foi pentacampeão brasileiro e disputou duas vezes a Copa Davis – em 1962, pela Suíça, e em 1973, pelo Brasil –, torneio de nações de maior importância do tênis mundial. Entretanto, ao perceber que não conseguiria se destacar entre os dez melhores do mundo como tenista, decidiu recalcular a rota, enaltecendo as habilidades que sabia ter em negócios, competências adquiridas e lapidadas ao longo de toda sua trajetória formal, com seu curso de Economia em Harvard. Toda essa trajetória é apresentada no livro *Sonho grande*.[39]

Assim, Lemann retornou ao Brasil e fundou o Banco Garantia, um dos marcos na história de gestão nacional pela metodologia por ele implementada. Como nem tudo são flores, o banco passou por grande dificuldade em consequência das crises asiáticas de 1994 e foi vendido ao Credit Suisse.[40]

O que poderia ser um fim não passou de um recomeço. O motivo disso? Propósito. Quando Jorge Paulo Lemann, que já gozava de uma vida sem preocupações financeiras, resolveu se tornar um grande empresário, seu propósito não era apenas acumular poder e formar um império: era, também, transformar a educação no Brasil. Com esse objetivo, criou uma fundação e hoje oferece cursos preparatórios para milhares de cidadãos brasileiros.

Ter claros seus propósitos é o impulsionador da conquista de seus sonhos – sejam eles simples, sejam eles audaciosos. Lemann comenta: "Eu sempre tive sonho, queria ser o melhor tenista do mundo, depois ter a melhor corretora, depois o melhor banco de investimentos, depois a maior cervejaria do Brasil, depois a maior do mundo e por aí afora. Em alguns [objetivos] você chega lá, em outros não, mas nessa caminhada, você sempre vai se tornar uma pessoa melhor".[41]

Estabeleça seus sonhos e sonhe alto; além disso, como já aconselhei, saiba aproveitar a trajetória, porque é nela que nos desenvolvemos. E se algo der errado? Saiba que o erro é parte importante do processo, pois nos permite rever a rota. A própria jornada em busca de sonhos audaciosos, sempre amparados em propósitos éticos e responsáveis, será o diferencial em sua história.

mão na massa

Como já mencionei, não há sucesso sem ação. Desejos e inspirações são pontos de partida para o movimento. Não deixe que sua vida seja composta mais da expectativa que, de fato, da trajetória rumo à realização de seus sonhos.

Como disse o genial poeta português Fernando Pessoa, sob o heterônimo de Álvaro de Campos: "Na véspera de não partir nunca / Ao menos não há que arrumar malas". E esse "não há que arrumar malas" é amanhã, depois de amanhã, depois de depois de amanhã... indefinidamente. Essa ideia de expectativa como aquela que acalma é de quem teme a realização. Porque, depois, qual seria o próximo passo?[42]

No fim deste capítulo, após ler histórias de pessoas que sonharam *bold* e se tornaram excelentes naquilo a que se propuseram, reflita e coloque em palavras, de maneira objetiva e com o máximo de detalhes: em que você quer ser excelente? Qual é o seu propósito?

_____

_____

_____

_____

_____

_____

NÃO SEJA SEM QUERER, SEJA DE PROPÓSITO!

COMPORTAMENTO: A BASE FUNDAMENTAL DA EXCELÊNCIA

Você já parou para pensar naquilo que faz com extrema naturalidade? É do tipo que conversa com desconhecidos no mercado, em lojas e até no elevador? Coleciona as mais variadas coisas, como chaveiros, selos, artigos e livros? Pensa positivo e enxerga sempre o "copo meio cheio"? Vive planejando o futuro? Se nunca parou para pensar nessas questões, agora é a hora!

No primeiro capítulo deste livro, a metáfora do aplicativo de trânsito exemplificou o funcionamento do nosso cérebro. Lá, expliquei a importância de sabermos nosso ponto de partida para traçarmos a melhor rota ao destino e citei exemplos de como é imprescindível, nesse processo, conhecermos nossas limitações.

Aqui, quero mostrar que é fundamental termos consciência de nossa realidade – nosso ponto de partida no GPS da vida –, por meio de um processo de autoconhecimento, para identificarmos e compreendermos quais habilidades, competências e talentos já temos em nosso repertório.

Por exemplo, em contabilidade, o balanço patrimonial é tido por muitos como a demonstração financeira mais importante das empresas, pois evidencia, por ativos e passivos da corporação, a saúde financeira atual, ajudando, portanto, na eficiência da gestão, com informações essenciais às tomadas de decisão. O balanço, que leva esse nome por justamente representar um equilíbrio entre as partes, separa os passivos dos ativos. Com isso, demonstra de qual ponto a empresa parte para o período seguinte.

Reconhecer, por esse mergulho interno, seus ativos – habilidades, competências e talentos presentes em seu repertório – e passivos – habilidades, competências e talentos a serem desenvolvidos – é tarefa imprescindível para identificar sua realidade e compreender o cenário de onde você está partindo. Esse procedimento lhe possibilita traçar um plano eficaz.

AUTOCONHECIMENTO COMO ANTÍDOTO PARA O FRACASSO

Em uma realidade em constante transformação, habilidades comportamentais como engajamento, colaboração e humildade são cada vez mais requisitadas no mercado de trabalho. E ter autoconhecimento é essencial para o desenvolvimento dessas competências, pois só escolhemos nos desenvolver naquilo que sabemos que deve ser desenvolvido!

Adriana Fellipelli, psicóloga e sócia da Fellipelli Consultoria Organizacional, autora do livro *Autoconhecimento para um mundo melhor*, me contou que o autoconhecimento sempre foi tema presente em sua vida. Disse que, desde jovem, reparava que as pessoas mais bem-sucedidas tinham domínio de *soft skills* mais apurado que outras igualmente inteligentes, mas que acabavam apresentando problemas de inteligência emocional. Percebeu, portanto, que a jornada do autoconhecimento e a identificação de possíveis gatilhos eram fatores cruciais em qualquer processo de desenvolvimento pessoal e profissional. Como conselho para quem está ingressando em uma jornada de autoconhecimento, Adriana recomendaria "entender sua personalidade, seu *modus operandi*, o nível de maturidade emocional e como isso tem afetado sua vida e suas relações, além de sempre estar aberto a buscar novas jornadas de autoconhecimento e procurar não se julgar, apenas usar esse conhecimento adquirido a seu favor".[43]

Autoconhecimento é a mais importante das habilidades, ou *soft skills*, pois constrói o caminho para que todas as outras competências possam funcionar plenamente. As chamadas *soft skills* são as habilidades mais inclinadas à personalidade e ao comportamento do indivíduo e às suas características subjetivas, como pensamento criativo, escuta ativa, gerenciamento de tempo, capacidade de trabalhar em equipe, comunicação etc. Em contrapartida, *hard skills* são competências relacionadas a conhecimentos técnicos, mais fáceis de mensurar, como proficiência em línguas, domínio de softwares e afins.

As habilidades comportamentais precisam ter suporte dos componentes da inteligência emocional, pois, assim como o desempenho tem origem em nossas escolhas comportamentais, nossos comportamentos são consequência de nossas respostas emocionais.

Esse tema é pulsante há tempos. Em 1983, Howard Gardner defendeu a teoria de múltiplas inteligências e autoconhecimento como chave para as inteligências intra e interpessoal.[44] Daniel Goleman, em 1995, apresentou o conceito de inteligência emocional e como a percepção sobre as próprias emoções pode contribuir para (ou prejudicar) o sucesso de um profissional. Em *Liderança: a inteligência emocional na formação do líder de sucesso*, por exemplo, Goleman explora o real impacto da habilidade emocional no resultado financeiro de uma empresa.[45]

A autoconsciência é o primeiro componente da inteligência emocional – o que faz sentido quando se pensa que o Oráculo de Delfos deu o conselho "conhece-te a ti mesmo" milhares de anos atrás.[46]

À medida que está vinculada à compreensão de valores e metas, a autoconsciência pode interferir diretamente no desenvolvimento de nossas habilidades. De acordo com Goleman, quem tem alto nível de autoconsciência consegue traçar um plano mental mais claro de para onde está indo e quais são seus reais objetivos. Mais que isso: pessoas autoconscientes conhecem suas limitações, sabem reconhecer seus pontos fracos e compreendem em que não devem despender tanto esforço e aquilo em que precisam investir. Autoconhecimento não é uma jornada holística; trata-se de aplicações práticas.

Uma das evidências da crescente importância do tema é o gradativo interesse de empresas por programas executivos como o Hoffman, criado em 1965 pelo estadunidense Bob Hoffman.[47] É um curso de autoconhecimento avalizado por Harvard e reconhecido cientificamente. O curso intensivo fornece instrumentos para que os participantes ampliem seu potencial e eliminem barreiras que impeçam seu crescimento. Trabalhando assuntos como autogestão e autoliderança, o objetivo do curso é possibilitar uma transformação de paradigma aos participantes, auxiliando-os a identificar padrões de comportamentos limitantes que prejudicam os impulsores de uma vida de excelência, promovendo o restabelecimento do autoequilíbrio, o que auxilia, de maneira direta, no reconhecimento de habilidades, competências e talentos, assim como no desenvolvimento de pontos fortes.

Adriana Fellipelli comenta que, se um indivíduo se limita a reações automáticas, passará a vida inteira as repetindo, sem se valer da tomada de consciência sobre tais respostas emocionais. Fellipelli cita Carl Jung para enfatizar o argumento:

"Até você se tornar consciente, o inconsciente vai dirigir sua vida, e você vai chamar isso de destino".[48]

HABILIDADES, TALENTOS E PONTOS FORTES – QUAL É A DIFERENÇA?

O Instituto Gallup, há décadas uma das maiores empresas globais a ajudar líderes e organizações por meio de pesquisa e avaliações, criou a ciência dos pontos fortes CliftonStrenghts,[49] enfatizando a importância do desenvolvimento com base neles para maximizar o rendimento na vida profissional – e também no âmbito pessoal.

É universal o questionamento "quem sou eu?". Mais que isso, é comum tentarmos identificar o que nos torna únicos. A avaliação do Gallup abarca essas reflexões em 34 temas de talentos, os quais, segundo a instituição, representam os predominantes do talento humano.[50]

Imagine se você pudesse investigar esses temas ao longo de trinta anos, com mais de 4 milhões de pessoas em todo o mundo, em perguntas abertas que capturam a singularidade de cada um? A instituição conseguiu trabalhar justamente nessas condições, e uma das conclusões centrais da pesquisa é a fórmula *talento × investimento = ponto forte*. Essa equação é importante porque muitas pessoas que passam pelo *assessment* acreditam que o resultado da pesquisa já traz os pontos fortes. Mas não é tão simples assim.

Os temas de *talento*, definidos pela instituição como "maneira natural de pensar, sentir ou se comportar", apenas se tornam pontos fortes se há investimento neles, ou seja, "tempo gasto na prática e no desenvolvimento de suas habilidades e na

AUTOCO-
NHECIMENTO
NÃO É UMA
JORNADA
HOLÍSTICA;
TRATA-SE DE
APLICAÇÕES
PRÁTICAS.

construção de sua base de conhecimento". Assim, a multiplicação desses talentos com investimento gera os pontos fortes, descritos como "capacidade de fornecer um desempenho quase perfeito consistentemente".[51]

Nota-se, portanto, que reconhecer suas habilidades e seus talentos é ponto de partida. Não é dito que apenas isso é o suficiente. É preciso ter movimento, mas essa distinção pode ser, sim, matéria-prima indispensável rumo à jornada de qualquer pessoa.

***

Não é fácil indicar os primórdios da idealização da Matriz da Excelência. Como ferramenta, ela se aprimorou ao longo de experiências, vivências e estudos. Mas, se eu tivesse que identificar o momento em que ela começou a ser gestada, com certeza elencaria o episódio em que fui cortado da Seleção Brasileira em 2002. Em minhas mãos, eu tinha apenas um feedback de Bernardinho, com dois pontos bem distintos: precisava aperfeiçoar minha técnica de bloqueio e explorar todo meu potencial como um dos líderes do time.

Precisei me apropriar de minhas habilidades e administrar minhas limitações para transformar o cenário que ali se impunha. Na questão do bloqueio, minha resposta imediata foi o treino exaustivo do fundamento. Porém, não foi apenas na prática que investi tempo. Resolvi fazer uma espécie de *benchmarking*, analisando e estudando como os melhores bloqueadores do mundo atuavam. Nesse processo, identifiquei o que eu não estava fazendo bem, meus erros, assim como o que já fazia bem. Percebi que, com investimento em tempo, dedicação e qualidade, eu melhoraria.

Em relação à liderança, confesso que era um tema mais complexo naquele momento. Não se tratava de uma incumbência que eu imaginava para mim. Porém, por mais difícil que fosse o desafio, meu sonho era ainda maior. Debrucei-me nos estudos – livros, cursos –, mas o grande diferencial em meu crescimento foi me conectar a profissionais que serviam de referência em liderança para mim, estabelecendo uma relação quase de mentoria.

Voltei para a Seleção no ano seguinte. Demorou, entretanto, muitos anos para eu entender que ali, em minha transformação, em minha reinvenção, começava o que mais tarde eu denominaria Matriz da Excelência.

No fim, todo esse movimento de identificar minhas habilidades e investir nelas e administrar minhas limitações foi a pedra angular que me fez expandir meu olhar. E a transformação não parou na aquisição, por meio do autoconhecimento, de uma nova lente para enxergar meus talentos; eu, de fato, me tornei mais capacitado.

Em 2015, fui submetido à avaliação CliftonStrenghts. No resultado, meus cinco primeiros talentos foram, respectivamente: *input*, intelecção, organização, positivo e estudioso. Três deles se encontram no segmento estratégico – *input*, característica de quem gosta de colecionar e arquivar objetos e informações; intelecção, que se diferencia pela atividade intelectual; e estudioso, aquele que aprecia o processo de estudar.

Analisando minha trajetória e, mais especificamente, o corte da Seleção, não tenho dúvida nenhuma de que esses talentos foram insumos para eu me reinventar, investir nessas habilidades e fazer delas alicerces para minha própria jornada.

Meu vínculo com o Gallup, entretanto, não se encerrou em 2015. Sabendo que o desenvolvimento de meus temas de talento foi ímpar em minha trajetória, em 2022 chancelei-me pela instituição como coach de pontos fortes, assessorando outras pessoas, profissionais e empresas nessa mesma jornada. Talvez mais um processo que demonstre, de fato, meus pontos "intelecção" e "estudioso", apontados pela avaliação.

NÃO É SÓ TALENTO, MAS *MUITO* É TALENTO

Se você tivesse que responder imediatamente à pergunta "qualquer pessoa pode ter bom desempenho em qualquer atividade se assim desejar e se para isso se esforçar?", o que diria? De acordo com o que nos é apresentado em *Descubra seus pontos fortes*, de Tom Rath, a resposta é "sim"![52] O ser humano é adaptável, flexível e pode adquirir conhecimentos e melhorar em tudo.

Agora, se eu lhe perguntasse: "a prática incansável dessa atividade pode levar à perfeição?". Para os autores (e para mim), não necessariamente. "Desenvolver um ponto forte em qualquer atividade requer certos talentos naturais."[53]

Lembremos o caso de Jorge Paulo Lemann, do capítulo anterior. Imagine se ele insistisse no tênis. Não tenho dúvida de que seria um atleta de excelência, que acumularia diversas conquistas. Mas quanto o próprio Lemann, o mundo dos negócios e todas as empresas influenciadas por ele perderiam com essa decisão? E será que a prática o levaria a ser um dos melhores tenistas, como se tornou um dos maiores empresários e economistas do Brasil?

É exatamente sobre essa linha tênue entre *talento*, *conhecimento* e *técnica* que precisamos refletir no processo de autoconhecimento, para planejarmos como utilizar nossas habilidades. De acordo com Clifton, o talento é inato; mas conhecimento e técnicas podem ser adquiridos, treinados e melhorados – e é a combinação estratégica dos três que culmina nos pontos fortes.

Embora não seja apenas talento, fica claro que precisamos identificá-lo como ponto de partida dessa jornada de identificar, valorizar e desenvolver nossas habilidades centrais.

mão na massa

Para auxiliar na consolidação da importância do autoconheci-mento, após refletir, coloque no papel habilidades, talentos e competências que você já julga ter.

_____

_____

_____

_____

_____

_____

_____

_____

De todos os talentos, habilidades e competências elencados, cite três que você acredita desempenhar melhor.

_____

_____

_____

_____

_____

_____

_____

_____

Descreva como esses talentos, habilidades e competências afetam o modo como você faz as coisas acontecerem em sua vida pessoal e profissional.

_____

_____

_____

_____

_____

_____

_____

6

LIMITAÇÃO NÃO É PRISÃO PERPÉTUA

O que para muitos poderia representar uma eterna limitação, um cárcere, para Marcos Rossi foi a alavanca do sucesso. Rossi nasceu com síndrome de Hanhart, deficiência congênita que impede o desenvolvimento de braços e pernas. Essa realidade, porém, não o impediu de protagonizar a própria história – e que história!

Em uma conversa que tivemos para este livro, Rossi afirmou que sua condição nunca foi empecilho para seguir seus sonhos. Hoje, formado em Direito, é treinador internacional e *leadership master* na equipe de Tony Robbins, estrategista, escritor e palestrante motivacional estadunidense, conhecido mundialmente pelo trabalho como coach. Além de já ter palestrado para mais de 200 mil pessoas no Brasil e no mundo, Rossi acumula valiosas bagagens pessoais, amparo para que enfrentasse as dificuldades em sua trajetória: é casado, pai de dois filhos, pratica surfe, skate e mergulho e toca, há mais de vinte e dois anos, em bateria de escola de samba.

A história de Marcos Rossi entra neste ponto do livro não apenas como exemplo de superação, mas para tecer uma reflexão sobre a forma como encaramos nossas próprias limitações. Embora as temáticas modo de observar e superar estejam conectadas, neste momento quero que você se aproprie de suas limitações, por meio da consciência de si mesmo, do olhar para dentro, e as encare como oportunidades de aprimoramento.

Ao ouvir dos médicos que viveria somente até os 30 anos, Marcos poderia encarar essa "sentença" de maneira fatalista, mas, tomando conhecimento de sua limitação, resolveu ressignificá-la: a partir do prognóstico recebido, viveu cada dia plena e intensamente, construindo conquistas e fazendo de cada uma delas combustível para a seguinte. Ele define esse estado de alto desempenho como "estado de graça". Nas palavras dele: "A limitação é um conceito que está na cabeça das pessoas e que pode ser desaprendido. O impossível só existe até que alguém vá lá e faça; depois, não é mais impossível".

LIMITAÇÕES E OPORTUNIDADES

No processo de tomada de consciência das limitações que podem ser estagnadoras do desenvolvimento, é importante ter claro que elas não serão, ao longo da vida, sempre as mesmas. Poderão ir e vir – inclusive, muitas limitações podem vir à tona por uma oportunidade. Foi o que aconteceu com Lucas Gonçalves,[54] que me procurou, em 2019, para uma mentoria individualizada.

O ponto de partida da mentoria era: Lucas trabalhara em uma multinacional nos cinco anos anteriores, em um cargo completamente operacional. Sua rotina profissional consistia em bater as metas estabelecidas para ele, sem qualquer preocupação com o resultado do restante da equipe. Com desempenho acima da média no cargo, recebeu uma promoção para um posto de gestão.

O colaborador que frequentemente elevava os índices de desempenho do time por meio da performance individual notou sua atuação prejudicando não apenas a si mesmo, mas a toda a equipe. O exímio executor deparava-se com a tremenda dificuldade de ser um bom executivo.

Lucas me procurou após uma análise interna do nível de engajamento de sua equipe, que revelou dados assustadores: 57% dos colaboradores estavam ativamente desengajados. De acordo com o Instituto Gallup, um funcionário descomprometido não está apenas infeliz; externa a infelicidade, prejudicando todo o time ao publicizar tal sentimento. Esse índice impacta muitas áreas de uma corporação – do clima organizacional aos resultados financeiros. Empresas com maior nível médio de engajamento dos colaboradores, por exemplo, geram 21% a mais de lucro.[55] Quando iniciamos a mentoria, era esse o contexto, e Lucas precisava, com urgência, de recursos pessoais (habilidades) para engajar sua equipe. Embora se tratasse de um cenário que demandaria esforço, o primeiro passo ele dera: reconhecer sua limitação, apropriar-se dela e entender que poderia transformá-la em oportunidade de aprimoramento.

mão na massa

Pelos exemplos citados, fica claro que o ponto de inflexão na narrativa de Marcos Rossi e Lucas Gonçalves rumo ao sucesso se deu quando ambos tomaram consciência de suas limitações. A partir desse primeiro movimento de olhar para si e para a dificuldade, eles conseguiram traçar um plano, ou até um estilo de vida, transmutando a limitação em alavanca.

A exemplo do capítulo anterior, desfrute desse momento para olhar para si e traga à consciência algumas informações importantes para seu processo de autoconhecimento. Pense em suas limitações como chances de se desenvolver e se aprimorar.

Liste habilidades, competências e aprendizados que você acredita não ter no momento.

APRENDER A APRENDER VAI TRANSFORMAR SUA VIDA

Lucas Gonçalves, cujo lado executivo ajudei a aprimorar por meio do fortalecimento de suas *soft skills*, habilidades do capital humano, me fez, durante o processo de mentoria, revisitar minha própria experiência quando o tema liderança "caiu no meu colo".

Ao ser cortado da Seleção Brasileira dias antes do Campeonato Mundial na Argentina, em 2002, e ao receber o feedback de que precisava aprimorar minha técnica de bloqueio e me comportar como líder, paralisei, em um primeiro momento. Isso porque sabia muito bem como aprimorar minha técnica: treinando, treinando e treinando. Mas e meu comportamento como líder? Que recursos usaria para aprimorá-lo? Não me via dessa maneira! Na realidade, nunca havia sequer pensado nessa possibilidade. Por onde começar a desenvolver liderança?

FOQUE A AÇÃO, COLECIONE RESULTADOS

ENCONTRAR
REDES E
GRUPOS COM
INTERESSES
OU OBJETIVOS
SEMELHANTES
PODE SER
EXTREMAMENTE
MOTIVADOR.

Embora desde muito cedo eu evidenciasse características de disciplina e anseio por aprendizado, colecionando livros, artigos e outros tipos de conteúdo, ainda não tinha claro como organizar informações, conhecimentos e aprendizados de maneira a transformá-los em agentes de evolução. Senti-me inseguro, com medo do que o futuro me reservava.

FOI QUANDO ME DEPAREI COM O CAMPO DA NEUROAPRENDIZAGEM E APRENDI A APRENDER.

De acordo com a programação neurolinguística (PNL), qualquer processo de aprendizagem passa por quatro estágios. Tomar consciência dessas etapas de aprendizado nos ajuda a compreender as emoções inerentes ao processo e, assim, responder a elas de maneira eficaz e assertiva.[56]

O primeiro estágio é o que a PNL chama de **incompetência inconsciente**: o indivíduo não sabe aquilo que não sabe, sua limitação. Esse estágio é de conforto e paz, pois, se não se sabe aquilo que não se sabe, não se é impactado emocionalmente. Lucas, por exemplo, não sabia de sua dificuldade em gestão de pessoas enquanto ocupava um cargo de executor, pois jamais vivenciara essa experiência. Ao ser promovido, tomou conhecimento da lacuna, o que o fez entrar no segundo estágio, o da **incompetência consciente** – quando tomamos conhecimento do "não saber". Trata-se de um estágio complexo, pois o "não saber" traz à tona incerteza, insegurança, desconforto e, por vezes, medo. É uma etapa em que pode surgir certa resistência a encarar as limitações e as lacunas e quando muitos decidem retornar ao conforto do primeiro estágio.

O terceiro estágio da aprendizagem é a **competência consciente**, que ocorre quando o indivíduo decide avançar no processo, praticar e usar o que está aprendendo, porém ainda necessita se ver plenamente conectado àquele fazer; toda a atenção está voltada a que aquele empenho seja efetivo – os novos conhecimentos ainda estão sendo consolidados em aprendizados. Após toda a dinâmica inicial da mentoria, uma das práticas em que Lucas mais teve dificuldade foi estar conectado por completo, intencional e conscientemente, com plena atenção, a cada um dos movimentos com a equipe. Entretanto, após sete meses de uso e prática, em uma de nossas conversas, ele me confessou que aqueles aprendizados haviam se tornado naturais. Ele passara, então, para a quarta etapa do estágio de aprendizagem: a **competência inconsciente**, quando o indivíduo se apropria das novas competências e habilidades, que passam a fazer parte de seu "saber" natural – os conhecimentos se consolidaram em aprendizados.[57]

Saber dessa dinâmica da neuroaprendizagem foi fundamental para que eu tivesse autonomia e coragem de me autodirigir em todos os processos de aprendizagem pelos quais passei e passo até hoje. Conrado Schlochauer, autor do best--seller *Lifelong learners: o poder do aprendizado contínuo*, afirma que se autodirigir no processo de aprendizagem não é, necessariamente, ser autodidata, mas, sim, decidir quais são suas necessidades de transformação e de desenvolvimento e agir consciente e intencionalmente nessa jornada.[58]

No livro citado, Conrado apresenta a ideia de que a única forma de acompanharmos a celeridade intensa do mundo é desenvolvendo o hábito de sempre estar em processo de aprendizagem. Embora possa parecer que hoje isso é simples, tamanha a facilidade de buscar e encontrar conteúdo e informações, para muitas pessoas aprender está cada vez mais difícil. Além de não conseguirem realizar uma curadoria das informações, focar e dedicar tempo nos estágios de aprendizado, há algo mais preocupante: as pessoas não conseguem decidir o que, como e por que aprender.

mão na massa

Você percebeu a importância de compreender o processo de aprendizagem e refletir sobre o que quer aprender e por quais motivos? Todo aprendizado necessita de base, conceito e teoria – o próprio processo de aprender precisa desse andaime, que se ampara na neuroaprendizagem.

Retorne à lista da página 82 e reflita: que habilidades e competências você deseja desenvolver e/ou aprimorar? O que quer aprender? Anote.

_____

_____

_____

_____

_____

Por que você quer aprender isso? Reflita, por ao menos cinco minutos, sobre suas motivações e anote-as.[59]

_____

_____

_____

_____

_____

FOQUE A AÇÃO, COLECIONE RESULTADOS

MIRANDO NA EXCELÊNCIA, É IMPRES-CINDÍVEL ESTAR ATENTO AOS RECURSOS OFERECIDOS NO DIA A DIA.

USE E ABUSE DA PLURALIDADE DE RECURSOS

Por muito tempo, acreditamos que o conhecimento estava apenas em livros e cursos acadêmicos, que a única maneira de transpormos níveis seria nos debruçando sobre calhamaços de papel. É verdade que a leitura e a educação formal galgam patamares altíssimos na construção do pensamento lógico e na aquisição de conhecimento; entretanto, pensar que somente esses meios são válidos nos distancia de oportunidades rotineiras de transformar conteúdos, experiências e pessoas em impulsionadores de desenvolvimento.

Mirando na excelência, é imprescindível estar atento aos recursos oferecidos no dia a dia. Schlochauer e Alex Bretas criaram um método que tem por objetivo trazer consciência sobre os caminhos e recursos que as pessoas podem ter e o traduziram na fórmula CEP + R, ou seja, *conteúdos, experiências, pessoas* e *redes*. Os autores afirmam que, quanto mais consumimos um conteúdo ativamente – grifando, anotando, resumindo –, mais fácil é a absorção. Eles também incentivam a multiplataforma, pois tais conteúdos podem estar em podcasts, livros, vídeos, reportagens etc.[60]

Em relação às experiências, Bretas as categoriza como "*playground* da aprendizagem", espaço em que se pode sentir, experimentar e testar. Pessoas são recursos utilizados desde o início da comunicação oral. Aposto que você tem em mente ao menos três pessoas com quem gostaria de estabelecer uma troca, uma escuta ativa. Se elas estiverem ao alcance, por que não marcar um café ou um almoço? Nesse processo de aprendizagem, encontrar redes e grupos com interesses ou objetivos semelhantes pode ser extremamente motivador. Resumindo as ideias de Bretas e Schlochauer:

* **Conteúdos:** encontrados em leituras, vídeos, podcasts etc.;
* **Experiências:** testar o aprendizado na prática, viver, sentir, refletir sobre o que acontece;
* **Pessoas:** especialistas, parceiros, ouvintes, mentores;
* **Redes:** grupos, movimentos e comunidades dedicados a seus temas de interesse.

Com essa equação, os autores buscam demonstrar que o processo de aprendizado trespassa diversas fontes. É possível aprender constantemente. Quanto mais você usa e abusa da pluralidade de recursos, mais fáceis se tornam o processo e a transformação de suas limitações em oportunidades de aprimoramento.

Marcos Rossi, por exemplo, nos contou a importância dos mentores em sua jornada. Citou o pai como primeiro grande mentor, o qual, após morar mais de trinta anos no Estados Unidos, trouxe para o Brasil os próprios motivadores – conteúdo em livros e fitas – e os traduzia para que Marcos também os absorvesse.

Eu, pessoalmente, tive a chance de extrair meu aprendizado de inúmeros recursos, todos muito valiosos. Contei com mentores – professores, atletas e colegas – essenciais à minha evolução; tive acesso a livros, artigos, vídeos e cursos que me ampararam por todo o processo; conectei-me a redes de apoio que me distenderam no caminho árduo rumo à excelência. Todas as experiências são válidas, das usuais às grandiosas. Todas enriquecem nosso repertório!

mão na massa

Após identificar e elencar suas limitações, perceber quais delas precisa aprimorar e por quais motivos, é chegada a hora do *como*. Liste os recursos que podem auxiliá-lo nesse processo de aprendizagem. De preferência, elenque ao menos um recurso (conteúdos, experiências, pessoas e redes) para cada uma das áreas citadas.

Conteúdos

_____

_____

_____

_____

_____

_____

_____

Experiências

_____

_____

_____

_____

_____

_____

_____

Pessoas

_____

_____

_____

_____

_____

_____

_____

Redes

_____

_____

_____

_____

_____

_____

A MATRIZ DA EXCELÊNCIA

A excelência é alcançada pela prática. Não agimos corretamente por virtude ou excelência: contamos com virtude e excelência porque agimos corretamente. Somos o que fazemos incessantemente. A excelência, portanto, não vem de uma ação, mas de um hábito.

De acordo com o dicionário *Houaiss*, "matriz" seria o "lugar onde algo é gerado ou criado: aquilo que é fonte ou origem."[61] A Matriz da Excelência surge como instrumento, ferramenta, justamente como ponto de partida de uma reflexão sobre sua jornada rumo à excelência.

Após mais de trinta anos trabalhando com alta performance – dentro e fora das quadras – e estudando ambientes, pessoas e *cases* de excelência, cheguei a uma conclusão: em todos esses cenários e para todas essas pessoas, a excelência conta com componentes básicos e fundamentais que precisam existir no dia a dia para que se alcance um estado de alta performance.

O mais interessante da Matriz da Excelência, fruto da observação e da análise dos processos de coaching e mentoria que realizei nos últimos anos, é que esses componentes são encontrados em qualquer área de atuação: do esporte ao ambiente organizacional. Se o objetivo for atingir a alta performance, é necessário identificar em quais categorias se está investindo suficientemente e em quais é preciso despender mais energia e tempo.

NA ARQUITETURA DA SUA JORNADA, CADA UMA DAS "MATÉRIAS-PRIMAS" NECESSÁRIAS À CONSTRUÇÃO DA CAMINHADA RUMO À EXCELÊNCIA TEM PONTO DE PARTIDA NO RESULTADO DE SUA MATRIZ DA EXCELÊNCIA.

Você já pensou ou sentiu que há um abismo entre a vida que desejava ter e a que de fato vive? Muitas pessoas e profissionais sentem isso. A Matriz da Excelência pode fornecer um mapa de calor, um diagnóstico, um ponto de partida para o início da caminhada. Não é fácil alcançar a alta performance, pois ela não se resume apenas a paixão, garra ou predileção. Ao mesmo tempo, posso garantir, por experiência e conhecimento, que a excelência é acessível a todos.

OS QUATRO COMPONENTES FUNDAMENTAIS

De maneira direta, este capítulo pretende conceituar cada um dos componentes da Matriz da Excelência, para que se tornem aplicáveis à sua realidade. Com o diagnóstico que a Matriz preenchida revela – seu mapa de calor –, nos próximos capítulos será possível partir para a ação.

Criei a Matriz com as seguintes categorias: dedicação, capacitação continuada, comprometimento e engajamento – cada uma delas segmentada em duas subcategorias. A principal ideia é que cada pessoa possa, de maneira individualizada e honesta, avaliar-se em relação ao desempenho em cada uma dessas áreas.

DEDICAÇÃO

Você conhece alguém que despendeu dez horas por dia em alguma atividade, como estudo, trabalho ou projeto específico, e mesmo assim não produziu o resultado esperado? Esse cenário é comum, e são muitas as vezes que recebo em meus processos de coaching esse tipo de relato. A questão é que apenas dedicar dez, doze ou vinte e quatro horas por dia a alguma atividade pode não ser satisfatório se a qualidade desse tempo estiver prejudicada.

O critério de **dedicação** na Matriz da Excelência subdivide-se na quantidade de tempo que você investe em sua missão, sonho ou objetivo e na qualidade desse tempo. Esse componente diz respeito a foco, concentração, atenção plena e prioridade.

O dia só tem vinte e quatro horas, e não há o que se possa fazer para mudar isso. Portanto, saber priorizar aprendizados e ações rumo ao objetivo central é imprescindível.

CAPACITAÇÃO CONTINUADA

No capítulo 6, abordamos a importância do aprendizado ininterrupto. Agora, cabe dizer que a capacitação continuada se refere à constante expansão de competências e habilidades por meio do aprendizado e do aumento do autoconhecimento.

Entretanto, não é uma boa alternativa se pautar apenas pelo acúmulo de conhecimentos sem colocá-los em prática. Alguns psicólogos definem isso como uma condição de "obesidade cerebral",[62] que não surge em um indivíduo com pensamento lento, mas em alguém extremamente inteligente, que possui ânsia na aquisição de conhecimentos.

SABER PRIORIZAR APRENDIZADOS E AÇÕES RUMO AO OBJETIVO CENTRAL É IMPRESCINDÍVEL.

O problema é que essa mesma pessoa, em geral, não consegue colocar nem 10% desse aprendizado em prática. De novo, é preciso usar e abusar da priorização inteligente.

Dessa forma, a categoria **capacitação continuada** segmenta-se em duas subdivisões: a aquisição constante, sólida e consistente de novos conhecimentos, habilidades e competências rumo ao seu objetivo e o uso desse mesmo repertório no dia a dia, consolidando-o como aprendizado. Esse componente refere-se ao aprendizado contínuo, mas também à inovação e ao desapego. A inovação não tem a ver apenas com o uso de tecnologias, mas, igualmente, com o ato de desapegar de comportamentos que não servem mais, não agregam valor à jornada.

COMPROMETIMENTO

Há um ditado popular que diz: "Você não conquista o que deseja; você conquista o que se compromete a conquistar". Compromisso é indispensável à construção de sua jornada! Envolva-se plenamente no processo, exponha-se e mobilize-se para realizar o necessário.

Em um curso de inglês, logo nas primeiras aulas, é ensinada a diferença entre *should* e *must*. Embora tenhamos traduções parecidas – "deveria" e "deve", respectivamente –, lembro-me de que me marcou o paralelismo de *should* e *must* com "fazer" e "comprometer-se". Fazer é uma possibilidade; comprometer-se, uma ordem.

O **comprometimento** subdivide-se, na Matriz da Excelência, na clareza do compromisso funcional, ou seja, saber o que precisa ser feito para realizar com qualidade; no entanto, é necessário ter mobilização mental para reunir os recursos para a melhor execução.

Essa categoria conecta-se, diretamente, à produtividade – fazer o que precisa ser feito quando precisa ser feito.

A MATRIZ DA EXCELÊNCIA

ENGAJAMENTO

Você conhece alguém que chama para si a responsabilidade, mostra-se disponível, proativo e comporta-se como proprietário da empresa, mesmo não sendo dono? Você se enxerga nessa pessoa? Essa condição é definida como *accountability* e vem sendo cada vez mais valorizada pelas organizações.

As características do profissional *accountable* são fundamentais rumo à excelência. É necessário estar conectado integralmente a metas, objetivos e sonhos, assim como compreender que você é, sim, o único responsável por eles. A partir dessa conexão, impulsionam-se ações que o aproximam da alta performance. Entretanto, essa conexão não é questão de ter ou não ter, e sim de construir – você deve construir a conexão emocional que o impulsionará a ações em direção aos seus desejos. Intenção sem ação é igual a zero.

O **engajamento**, portanto, é subdividido em conexão emocional e ações resultantes dessa conexão.

A MATRIZ DA EXCELÊNCIA NA PRÁTICA

Você se recorda do Lucas Gonçalves, líder que me chamou para ajudá-lo a desenvolver suas habilidades e alavancar os índices de engajamento de sua equipe? Uma das primeiras ações que implementamos no processo de mentoria foi aplicar a Matriz da Excelência, para termos, visualmente, um panorama geral das lacunas a serem preenchidas.

Ao aplicar a Matriz, notamos que, enquanto Lucas dedicava mais de doze horas por dia ao trabalho, o tempo focado, com atenção plena, era mínimo, não chegava a duas horas.

Lucas imediatamente foi procurar os motivos para isso – e encontrou: deixava de fazer as coisas mais importantes, pois sempre acabava se distraindo com o que era urgente. Ali estava a primeira lacuna que, provavelmente, interferia (e muito) em sua relação com a equipe; como resultado do processo, ele passou a organizar melhor seu tempo.

Quanto à capacitação continuada, nos deparamos com uma lacuna em ambas as subdivisões: a alta carga horária no escritório estava minando sua energia para se atualizar e colocar os novos conhecimentos em prática.

No quesito comprometimento, os indicadores de Lucas mostravam-se satisfatórios. O próprio movimento de procurar ajuda para seu desenvolvimento demonstrava empenho no processo de atingir o almejado.

Por fim, como a promoção para um cargo de liderança não era algo esperado por Lucas, ele estava com baixos índices na categoria engajamento; ainda não conseguia se conectar à nova realidade e compreender como se responsabilizar pelos resultados do time.

Com esse panorama, conseguimos, juntos, com o mapa de calor que a Matriz da Excelência preenchida gerou, visualizar as principais dificuldades e lacunas que impediam a evolução de Lucas. A parti daí, traçamos o programa ideal de mentoria. Ressalto, aqui, a importância do diagnóstico e da análise antes da ação.

mão na massa

Agora que você já conhece os quatro componentes e suas subdivisões, chegou a hora de preencher a própria Matriz da Excelência. Para isso, atribua uma nota de 1 a 5 para cada uma das áreas, considerando a seguinte escala:

1 – Ruim   3 – Bom   5 – Excelente
2 – Razoável   4 – Muito bom

Exemplo:
Se considera que seu investimento em adquirir conhecimentos e habilidades é excelente para realizar o que deseja, atribua a nota 5. Agora, se acha que não está colocando em prática nada do que aprendeu, indique nota 1 ou 2.

Na sequência, pinte a quantidade de espaços correspondente em cada um dos eixos. Sugiro usar cores diferentes para cada um dos oito componentes. Se necessário, volte às definições para ajudá-lo no preenchimento.

Após preencher todas as categorias, você terá em mãos seu mapa de calor e poderá identificar, visualmente, os pontos em que precisa se desenvolver e investir mais tempo e/ou energia.

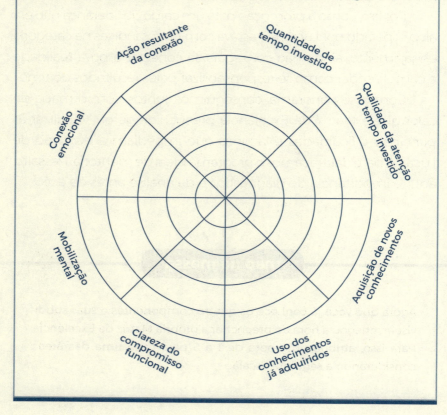

VOCÊ DEVE
CONSTRUIR
A CONEXÃO
EMOCIONAL
QUE O
IMPULSIONARÁ
A AÇÕES EM
DIREÇÃO AOS
SEUS DESEJOS.

A IMPORTÂNCIA DE PLANEJAR E A NECESSIDADE DE AGIR

Imagine que você e sua família sairão de férias no próximo mês e estão planejando uma viagem. O que é preciso deixar preparado? Provavelmente, você pensou em passagem aérea, hotel, seguro-viagem, roteiro, passeios e visitas e orçamento disponível. Isso se já não imaginou os pormenores: clima do local, quais roupas levar, se precisa comprar protetor solar etc.

Por que será que é tão fácil para nós planejarmos uma viagem, com todas as particularidades, mas quando mudamos para o cenário dos nossos objetivos pessoais e profissionais essa programação se torna tão complexa? Minha teoria é a de que tendemos a focar o que nos gera prazer imediato – sair de férias, por exemplo, soa bem mais instigante que aprender um segundo idioma ou praticar atividade física cinco vezes por semana.

Entretanto, mesmo em uma viagem, se nós não tivermos estratégias bem pensadas, poderemos falhar: dormiremos até mais tarde, perderemos a chance de conhecer um museu ou almoçaremos em um lugar não tão bom – são falhas aceitáveis e contornáveis nas férias. Mas e em uma jornada rumo à excelência?

NÃO PODEMOS TRATAR DE PLANEJAMENTO SEM FALAR DE ESTRATÉGIA

O primeiro foco de atenção em qualquer estratégia para arquitetar sua jornada concentra-se na **visão**. É preciso ter claro para onde se quer ir e por quê. Nessa etapa, *não é preciso* ser racional e ponderado; pode-se pensar livremente. As estratégias serão responsáveis por nos levar da visão ao planejamento.

Particularmente, gosto muito de um conceito apresentado no Brain-Based Coaching – Engagements,[63] que afirma que as estratégias dão forma à jornada rumo às conquistas idealizadas, como se nossos objetivos fossem peças de LEGO® em uma mesa, e as estratégias criadas formassem, com a junção de cada peça, uma figura inteligível, pronta para fazer parte da brincadeira.

Criar estratégias não só nos aproxima de nossos objetivos – os quais, sem elas, podem ficar no campo da idealização, do sonho – como cria um *mindset*, em que compreendemos a prioridade de certas ações, em ordem lógica e mais eficiente. Gosto de traçar estratégias com meus coachees, pois sinto que eles se apropriam das informações ao longo do processo de autoconhecimento já comentado no capítulo 5, refletindo sobre cada uma das ações, não agindo de maneira automática e aleatória. Assim, definimos juntos o ponto inicial, levando em conta a realidade de onde partimos.

Ao saber para onde se quer ir, com a visão, é possível começar a reflexão de como chegar lá: traçar o **planejamento**, tão temido e subestimado por diversas empresas e profissionais.

AS ESTRATÉGIAS SERÃO RESPONSÁVEIS POR NOS LEVAR DA VISÃO AO PLANEJAMENTO.

NÃO É PRECISO ESPERAR UM PLANO DE CARREIRA DA EMPRESA; VOCÊ PODE ARQUITETAR A PRÓPRIA JORNADA

Inúmeras vezes, ouvi colegas e pessoas próximas dizerem: "Recebi duas propostas de trabalho e optei por aquela que me oferecia um plano de carreira". De fato, empresas que se preocupam com o desenvolvimento contínuo dos colaboradores *são muito valorosas*. Entretanto, preciso contar algo: não é necessário esperar que uma corporação trace seu rumo à conquista de seus objetivos; você pode e *deve* fazer isso por si mesmo – e quanto antes!

Hoje, várias organizações criam espaços para o intraempreendedorismo,[64] que consiste no fato de o colaborador encontrar oportunidades de empreender e inovar na própria empresa, gerando novos produtos ou soluções. Não é necessário, portanto, abrir uma empresa ou ser um atleta de alta performance para começar a planejar sua jornada de excelência. Qualquer um pode fazer isso, mesmo nos limites de uma empresa ou equipe. E o curioso é que o intraempreendedorismo *não* agrega valor apenas aos colaboradores, mas à própria organização, que se beneficia da postura individual para engajar o coletivo, inovando e gerando resultados melhores. No Brasil, porém, ainda se nota grande dificuldade para ampliação do *mindset* dos profissionais nessa direção. Mais difícil ainda se falarmos em intraempreendedorismo intencional amparado em planejamento sólido.

Em entrevista para este livro, Ricardo Amorim, economista brasileiro mais influente de acordo com a *Forbes*,[65] maior influenciador latino-americano no LinkedIn e ganhador do prêmio iBest de Economia e Negócios, afirma que planejamento de carreira é um instrumento que qualquer profissional deveria ter em mente, focando três pontos: o que quer fazer, no que é bom e quais habilidades precisa fortalecer para atuar naquilo que deseja. Com isso, terá amparo para tomar as melhores decisões ao longo da jornada.

Amorim acrescenta que os brasileiros ainda têm certo distanciamento do tema planejamento e credita isso à instabilidade do país, sobretudo econômica. Ele recorda que se formou em uma época de volubilidade de planos econômicos, que influenciou muito sua dificuldade de ter um planejamento sólido, pois sempre lidava com mudanças bruscas e precisava agir mais de imediato.

PLANEJAMENTO SEM AÇÃO É MERA ILUSÃO

Estabelecida a visão e traçado o planejamento, é preciso focar o *detalhe*. Já se sabe para onde se quer ir, por que e como; é necessário, então, definir ações.

Percebo que é nesse ponto que muitos profissionais travam, por perderem o foco ao dar importância ao *problema* ou ao *drama*, estados em que há afastamento do planejamento desenhado. É fundamental que as ações sejam voltadas aos objetivos, o que significa que devem ser específicas, relevantes e dirigidas a eles.

Com o planejamento em mãos, entramos na ação efetiva, implementando-a. Entretanto, o processo não finda nessa etapa. Todas as ações e seus resultados precisam ser constantemente analisados, para delinearmos e planejarmos novas ações e objetivos e acompanharmos os que estão em vigência.

Há, hoje, metodologias, programas e ferramentas que auxiliam no planejamento de objetivos e metas e até na avaliação dos resultados das ações. O ciclo PDCA,[66] por exemplo, é uma ferramenta de qualidade que facilita a tomada de decisões, visando garantir o alcance das metas necessárias estabelecidas. Com **P** (*plan*, "planejar"), **D** (*do*, "fazer"), **C** (*check*, "verificar") e **A** (*act*, "agir"), você passa por todas as etapas aqui explicadas.

Outra metodologia amplamente usada para delineamento de metas é o método SMART.[67] Embora muito utilizada por empresas, é aplicável e adaptável a metas pessoais. A ferramenta fornece critérios tangíveis para que o objetivo seja estabelecido de forma coerente e viável, não só como meras idealizações.

S (*specific*, "específico") demanda clareza e concisão no que se almeja, como será executado, com quais recursos etc. Por exemplo, "quero aprender chinês com um professor particular on-line" é mais específico que "quero aprender uma nova língua". A meta também precisa ser "mensurável" (**M**, *measurable*), para que, posteriormente, se consiga avaliar se foi alcançada ou não; no exemplo, poderia ser "quero me tornar fluente fazendo duas aulas por semana". Se a meta não for "atingível" (**A**, *attainable*), você se sentirá desmotivado no caminho. Assim, não adianta querer aprender chinês em duas semanas. "Relevante" (**R**, *relevant*) é outro fator superimportante: um objetivo com valor expressivo para você, que engaje. Por fim, o **T** (*time based*, "limite de tempo") prevê o estabelecimento de prazos para o objetivo ser alcançado. Um bom exemplo seria: "Quero me tornar fluente em chinês em um ano, com aulas on-line duas vezes na semana".

A meta SMART está relacionada a mensurar e monitorar, o que contribui para melhorias no desempenho e no aperfeiçoamento contínuo, auxiliando na criação e na manutenção de uma cultura de excelência e amparando no cumprimento do planejamento.

FLEXIBILIDADE, ADAPTAÇÃO E INOVAÇÃO: COMPONENTES IMPRESCINDÍVEIS NO PLANEJAMENTO

Retornemos ao exemplo das férias em família. Imagine que você tem um roteiro detalhado em mãos; no entanto, no dia em que o plano era ir à praia, confraternizar com os filhos e relaxar, chove. O que fazer? Tenho quase certeza de que a resposta não é "passar o dia todo no hotel", mas "mudar a programação". É essencial sabermos que isso também será necessário em alguns momentos da jornada.

Ricardo Amorim foi bastante certeiro em um comentário: "O planejamento precisa ser o norte, a bússola, para empresas ou pessoas, mas é preciso tomar cuidado para que não o engesse quando novas circunstâncias e oportunidades surgirem. É preciso estar pronto para se adaptar quando necessário". Para contextualizar, Amorim citou a pandemia de covid-19, período em que todos tiveram de se adaptar bruscamente – não só na forma de trabalhar, mas em todos os âmbitos da vida. Quem seguiu o mesmo planejamento teve dificuldade de se manter estável.

Essa necessidade de adaptação e inovação ocorreu com o próprio Amorim, que recebeu convite para ser um dos apresentadores do *Manhattan Connection*, programa de televisão

A IMPORTÂNCIA DE PLANEJAR E A NECESSIDADE DE AGIR

sobre política, economia e cultura. Formado em Economia, ele não mapeara um convite como esse. E, embora tenha levado três meses para aceitá-lo, pensando se isso faria ou não sentido em sua jornada, chegou à conclusão de que tal mudança de rota seria uma oportunidade de transmitir seu conhecimento de forma mais disseminada. E assim o fez. A adaptação lhe expandiu horizontes.

Outro exemplo que Amorim citou foi referente à priorização das ações em seu planejamento. Aos 15 anos, ele adorava esporte e foi treinar natação nos Estados Unidos; embora revele que era um nadador medíocre, treinar com os melhores do mundo lhe deu motivação para seguir com disciplina e dedicação. Em pouco tempo, o treinador informou que, se ele se mantivesse daquela forma nos treinos, conseguiria ir para os Jogos Olímpicos de Verão de 1988, em Seul, na Coreia do Sul – teria chances de conquistar medalha. Mas ele não acreditou. E aquilo ficou em sua mente: *será que realmente teria sido medalhista olímpico?* Essa dúvida o fez seguir um comportamento: nunca mais dizer não a qualquer oportunidade que aparecesse.

E assim ele disse ter feito. Abraçou todas as chances que apareceram, e isso, mesmo sem planejamento, foi ótimo para a construção do profissional que ele é hoje. A conclusão é de que "foco no início da carreira é um passivo, não um ativo". Com o avanço de sua trajetória, Amorim sentiu necessidade de adaptar esse comportamento. Agora, com bagagem construída e reconhecida, priorizou as oportunidades excelentes para sua carreira, muitas vezes deixando de lado outras que seriam apenas boas. Sem colocar no papel, ele estava planejando sua jornada.

Com boa estratégia, planejamento e ações assertivas, você também pode chegar lá. Seja esse "lá" onde for.

NÃO É NECESSÁRIO ESPERAR QUE UMA CORPORAÇÃO TRACE SEU RUMO À CONQUISTA DE SEUS OBJETIVOS; VOCÊ PODE E *DEVE* FAZER ISSO POR SI MESMO.

mão na massa

Para consolidar a importância da estratégia, do planejamento, das ações e do monitoramento do desempenho, proponho a você que pense em um objetivo que queira alcançar e crie um planejamento de acordo com a metodologia SMART.

Descreva seu objetivo de forma específica (**S**, *specific*), sem ser vago nem subjetivo.

_____

_____

_____

_____

_____

_____

_____

Como medir o sucesso desse objetivo (**M**, *measurable*)?

_____

_____

_____

_____

_____

_____

_____

Seu objetivo é realista, atingível (**A**, *attainable*)? Utilize argumentos como histórico e *cases*.

_____

_____

_____

_____

_____

_____

_____

Quão relevante esse objetivo é para você (**R**, *relevant*)?

_____

_____

_____

Por fim, em quanto tempo pretende alcançá-lo (**T**, *time based*)?

_____

_____

Agora, reúna os cinco critérios e descreva sua meta SMART.

_____

_____

_____

_____

NA DÚVIDA, COMECE!

Comecemos este capítulo com uma pergunta pessoal: o que é motivação para você?

A palavra "motivação" vem do latim, *movere*, que quer dizer "movimentar-se". Muitas vezes – e talvez sua resposta à pergunta inicial tenha caído nesse paradigma –, associamos motivação a um impulso que nos move do ponto A ao B. Entretanto, a questão é até onde a motivação pode nos levar. Pode nos induzir a ir à academia hoje, mas, se amanhã esse impulso não existir, deixaremos de seguir os treinos?

É necessário estarmos cientes de que a motivação nem sempre se fará presente durante nossa jornada de excelência e de que não precisamos contar com esse impulso como condição *sine qua non* para agir. Trate-a como aliada quando ela bater à sua porta; torne esse arrebatamento catalisador do movimento, mas não deixe de agir, muito menos de colocar em prática seu planejamento, caso a motivação não surja.

E como converter a motivação em aliada nesse processo de tirar os planos do papel? Segundo Daniel Pink, autor de sete best-sellers, entre eles *Motivação 3.0 Drive*,[68] precisamos desmistificar o conceito vastamente repetido de que a motivação é gestada com base em possíveis recompensas ou punições. Vários pesquisadores do tema publicaram artigos e teses que fazem cair por terra a hipótese de que o macaco faria algum movimento se, ao fim, lhe fosse dado um doce. Os processos que motivam uma ação são muito mais complexos – para os macacos e para nós!

De acordo com Pink, as pessoas são motivadas de forma intrínseca; o impulso parte delas próprias, não de fatores externos. E essa motivação intrínseca surge em três níveis: no primeiro, como necessidade básica de sobrevivência – encontrar um abrigo, caçar e se reproduzir teriam sido os primeiros *cases* de motivação na humanidade. No segundo, temos incentivos e penalização como manipulação da motivação. No terceiro e mais efetivo, trata-se de autonomia, propósito e... busca por excelência!

A autonomia lhe concede o controle da própria vida e de seus movimentos. Senso crítico bem desenvolvido aliado à autonomia é potencializador de motivação! O propósito, como já falamos neste livro, é aquele sentimento de que o que está sendo feito tem "causa maior" para nós mesmos, para a sociedade e/ou para o mundo. Por fim, excelência é o processo de autoconhecimento, de identificar os pontos fortes e, com hábito e disciplina, atingir um estado de *flow*.

Com essas três camadas desenvolvidas e bem aplicadas, entendemos como construir esse nível de motivação e torná-la, intencionalmente, parceira de jornada, sem esperar que apareça sem trabalho e reflexão envolvidos.

Sempre que quiser, recorra à etimologia e lembre-se de que motivação sem movimento não é, por definição, motivação.

PODE NÃO FAZER SENTIDO PARA OS OUTROS HOJE, MAS AMANHÃ FARÁ

Em 1980, Robert Levering trabalhava como jornalista e foi convidado a escrever um livro sobre as melhores empresas nas quais trabalhar nos Estados Unidos.[69] Negou de imediato, porque acreditava que não havia boa empresa para os funcionários; para ele, o conceito de satisfação no trabalho estava reduzido a cargos executivos e de direção. Após muitas conversas, porém, aceitou o desafio, a seu modo: começou a entrevistar, *in loco*, de forma confidencial, centenas de funcionários de várias empresas. Sua hipótese foi confirmada: muitos deles odiavam o local de trabalho e os superiores. Contudo, sua hipótese também foi refutada: muitos outros adoravam o que faziam, assim como as equipes e o ambiente ali instaurado. Isso o deixou maravilhado e o levou à ação: abriu um pequeno escritório e continuou se aprofundando, pesquisando e estudando o tema.

Após as pesquisas iniciais, Levering percebeu que não só havia muitas empresas contratantes excelentes, mas que *qualquer* empresa poderia se tornar esse lugar. Ao fim, publicou vários artigos e mais de um livro sobre o tema. Seu propósito o motivou a se movimentar ainda mais: deixou o trabalho e criou, com a esposa, uma empresa: a Great Place to Work®.

O propósito, entretanto, ultrapassou fronteiras: ao ler na revista *Prism* um artigo da Arthur D. Little, consultoria estadunidense, José Tolovi Jr., engenheiro formado na Universidade de São Paulo, especializado em Administração de Empresas pela Fundação Getulio Vargas e doutor em Sistemas de Gestão pela Universidade de Grenoble, na França, na época diretor da Arthur D. Little, pensou: *Isso é tudo em que acredito. Por que não levar para o Brasil?*

A motivação estava instaurada. O planejamento também. Como agir? Tolovi me contou, em entrevista, que, já com espírito empreendedor, apenas deu início a seu propósito: o primeiro passo foi estruturar o conceito a apresentar nas empresas. Nesse momento, teve o primeiro grande empecilho, que poderia ter culminado no fim do sonho: nenhuma empresa entendia muito bem o que era o tal Great Place to Work e por que seria importante medir o nível de satisfação dos funcionários.

NA DÚVIDA, COMECE! **117**

A AUTONOMIA LHE CONCEDE O CONTROLE DA PRÓPRIA VIDA E DE SEUS MOVIMENTOS.

Estamos falando da década de 1990, quando o tema cuidado com a saúde física e mental dos colaboradores ainda era embrionário em nosso país. Entretanto, visionário, Tolovi sabia que aquilo fazia sentido – não apenas em relação ao cuidado com a equipe, mas para melhorias no desempenho financeiro da empresa e, melhor ainda, para a sociedade como um todo. Havia conceitos de negócios e lucro, além de muito propósito!

Passada a barreira de desenvolver o conceito nas empresas, ele se deparou com a segunda grande dificuldade: ninguém queria ser cobaia. Todas lhe respondiam: "Quando outras empresas estiverem engajadas, você volta." O resultado? Ele voltou.

Ainda sem apresentações, dados e qualquer grande estruturação, o trabalho começou no Brasil como mínimo produto viável. Em 1997, já no primeiro ano, o GPTW realizou o trabalho pioneiro de classificar e reconhecer empresas publicamente na *Exame*, com 130 inscritas e 30 classificadas. Em 2021, a pesquisa teve mais de 4 mil empresas inscritas, representando, aproximadamente, 1,8 milhão de funcionários.

Hoje, o GPTW está presente em 97 países, analisa mais de 10 mil empresas por ano e mais de 10 milhões de colaboradores. Tolovi é presidente do Conselho do Great Place to Work Institute no Brasil, no México e na América Central, além de membro do Conselho na Espanha, na França e no Canadá.

A história do executivo não é uma fábula, mas tem moral: se acreditar, comece a agir ainda hoje!

APLIQUE O MVP EM SUA ARQUITETURA DA JORNADA

O *minimum viable product* (MVP), ou mínimo produto viável, é um conceito criado por Eric Reis, em A *startup enxuta: como usar a inovação contínua para criar negócios radicalmente bem-sucedidos.* Para o autor,

> **MVP é aquela versão do produto que permite uma volta completa do ciclo construir-medir--aprender, com o mínimo de esforço e o menor tempo de desenvolvimento. O produto mínimo viável carece de diversos recursos que podem se provar necessários mais tarde. No entanto, de certa forma, criar um MVP requer trabalho extra: devemos ser capazes de medir seu impacto.[70]**

Hoje, o conceito é amplamente utilizado em diversas empresas, em especial nos mercados de startups e empreendedorismo, nos quais a celeridade do ciclo construir-medir--aprender é fator-chave para o sucesso ou o fracasso da empresa. E, embora o conceito sirva para as empresas otimizarem recursos e maximizarem retornos, gosto de transpor a ideia para o cenário da arquitetura da jornada pessoal. Afinal, para alcançarmos nossas metas, também necessitamos de ciclos de ideação, construção, análise e aprendizado. Muitas vezes, para começarmos a agir, precisamos apenas simplificar.

Iniciar um plano de ação com foco em resultados perfeitos é um tiro no pé. Provavelmente, no meio do caminho, você se decepcionará com os desafios e os resultados – e sabemos como essa frustração pode ser paralisante. No entanto, ao trabalhar com o que chamo de mínimas metas viáveis (MMV), você não só estará sempre em movimento como também estará construindo, medindo, analisando e aprendendo cada um dos passos da jornada.

Trabalhar o conceito de MMV em sua arquitetura da jornada lhe garante a liberdade de deixar para trás o que, ao longo do processo, não faz mais sentido. Ao estabelecer, em um primeiro momento, sua ação na metodologia, você pode concluir, após a medição dos resultados, que aquele movimento não é inteligente para alcançar os objetivos almejados. Mudar a direção sem despender tantos esforços e recursos é algo valiosíssimo em uma jornada rumo à excelência.

✳✳✳

Vamos supor que sua meta traçada seja abandonar o trabalho CLT e abrir a própria empresa em consultoria de vendas. Você entende pouco do mercado, não acumulou muita experiência e tem duas opções em mente: a *primeira é alugar uma sala para atender* aos clientes, com alguém na recepção, alguém responsável pela limpeza, uma equipe de dois consultores e café à vontade; a segunda é começar a atender on-line e ampliar a equipe à medida que conseguir novos clientes. Qual é o MVP? O que faz mais sentido para não só aprender sobre o negócio com baixo investimento, mas como possibilidade de ação imediata? Obviamente, a segunda opção.

Note que o mínimo produto viável também lhe dá maior liberdade para errar. E essa possibilidade, vinculada ao privilégio de correr riscos, pode ser essencial ao futuro da jornada rumo à excelência. Em entrevista para este livro, José Tolovi Jr. comentou que, "se ninguém está errando, algo está errado". Compartilho dessa ideia, pois errar pode ser fundamental para um ciclo de aprendizado.

Quando falo sobre importar o conceito do MVP para sua jornada, não estou, em momento algum, induzindo você a pensar de maneira confortável. Seu planejamento e suas metas podem ser *bold*, como tratamos no capítulo 4. Contudo, você não precisa ter medo nem vergonha de começar pequeno. Não se esqueça de que o Facebook surgiu testando o conceito aplicado apenas aos acadêmicos da Universidade Harvard.

NA DÚVIDA, COMECE!

SE PRECISO, FRACIONE SEU PLANO DE AÇÃO

Não sei o que você definiu como meta. Talvez um objetivo que você consiga atingir em curto prazo ou algo que leve anos para alcançar. Independentemente do que foi estabelecido e de quanto tempo você estimou para concluir, um plano de ação coerente nada mais é que um encadeamento lógico de ações que o levarão – ou deveriam levá-lo – a alcançar o pretendido.

Sabendo disso, é importante compreender quando é preciso segmentar as ações e classificá-las de acordo com a demanda, o tempo e o nível de prioridade. No mundo da administração, chamamos esse processo de "estratificação", e nele é essencial ter claros os momentos em que as ações precisam ser executadas de imediato e aqueles em que há a possibilidade de fracionar os movimentos. Assimilar a importância do encadeamento lógico, realista e inteligente das ações faz toda a diferença. Alguns *planners* ou até softwares de gerenciamento de tarefas podem ser aliados para tirar os planos do papel.

Na etapa da ação, gosto de usar a analogia do *chef* afiando uma faca. Saber o momento em que precisa afiá-la é de extrema importância, pois, mesmo que não esteja praticando seu objetivo focal – o ato de cozinhar –, esta faz um movimento para facilitar o agir principal. Com uma faca cega, possivelmente o *chef* levaria mais tempo para preparar seu *mise en place*. Outra analogia que funciona: certa vez, Abraham Lincoln, ex-presidente dos Estados Unidos, citou a seguinte frase: "Se eu tivesse oito horas para derrubar uma árvore, passaria seis afiando o machado".[71]

E você, já afiou seu machado hoje?

mão na massa

No capítulo anterior, falamos da importância de um planejamento bem-feito e realista, orientado à ação. Agora, proponho a você que tire a ideia do papel. Escreva o que pode fazer ainda hoje para ficar mais próximo de seu objetivo. Depois, coloque em prática o que pontuou nas linhas a seguir.

_____

_____

_____

_____

_____

_____

_____

_____

_____

AS COISAS MAIS IMPORTANTES NUNCA DEVEM FICAR À MERCÊ DAS MENOS IMPORTANTES[72]

Em 1990, quando soube de uma peneira que aconteceria no Clube Social de Novo Hamburgo, cidade onde morava, resolvi me candidatar à vaga. Chegando lá, deparei-me com mais de duzentos jovens que pretendiam o mesmo que eu. Fui aprovado. Mas preciso contar que minha conquista se deu somente porque era um pouco mais alto que a média dos candidatos. E a condição era: os técnicos pretendiam analisar e entender se naquele corpo alto, esguio e magro (muito magro) havia potencial.

Nos primeiros meses de time, a principal dificuldade que enfrentei foi me concentrar em ser, de fato, atleta. A parte técnica eu sabia que, com repetição e disciplina, conseguiria adquirir; agora, aquela plenitude, a concentração, o compromisso – o estado de *flow* típico de atletas de alta performance – ainda eram uma realidade distante, que eu questionava se um dia conquistaria. Nos treinos, eu me desconcentrava com facilidade, não tinha o foco necessário para antecipar jogadas e "virar aquela chavinha" para aumentar meu desempenho na quadra.

Exausto de me ver perdendo inúmeras bolas, o treinador veio até mim, pisando firme, face atroz e olhos pegando fogo, e disparou uma das frases mais importantes em minha jornada esportiva: "André, você tem que ter tesão pela bola!". Eu era apenas um guri de 14 anos. Não entendia nada de voleibol, de bola, muito menos de tesão. Em 1990, minha mente ingênua, porém maliciosa, pensou no tesão que você deve imaginar. Após algum tempo observando os outros atletas, inclusive profissionais, entendi o que ele quis dizer.

A ATENÇÃO SUSTENTADA E O PODER DO FOCO

Antes de prosseguirmos, pare e pense nas páginas que você já leu. Quantos devaneios internos e abstrações externas você enfrentou durante a leitura? Muito provavelmente recebeu alguma notificação no celular e quis olhar, ouviu algum barulho em casa ou no vizinho, pensou na lista do supermercado ou até se viu interrompido por algum familiar.

Isso é normal! De acordo com Daniel Goleman, autor de *Foco: a atenção e seu papel fundamental para o sucesso*, a mente de um leitor comum divaga, em média, entre 20% e 40% do tempo em que lê, ou seja, essas abstrações são naturais. Além disso, a capacidade de tirar nossa atenção de uma coisa e transferi-la para outra é vital, uma vez que, segundo o autor, "a incapacidade de abandonar um foco para tratar de outros pode deixar a mente perdida num ciclo de ansiedade crônica".[73]

RECONHECER AS ATIVIDADES QUE PRECISAMOS ENFOCAR É ESSENCIAL PARA QUALQUER PESSOA QUE QUEIRA MELHORAR O DESEMPENHO DA APRENDIZAGEM.

Entretanto, reconhecer as atividades que precisamos enfocar é essencial para qualquer pessoa que queira melhorar o desempenho da aprendizagem. Aprendemos melhor quando estamos focados, pois nosso cérebro situa a informação em todo repertório já acumulado, gerando novas conexões neurais.

✳✳✳

Você tem facilidade de assistir a uma palestra de uma hora, sem perder a concentração? Consegue se sentar e passar duas horas estudando sem divagar? Se a resposta foi "não" para ambas as perguntas, muito provavelmente você precisa desenvolver a atenção sustentada. Para garantir o foco prolongado, é importante saber trabalhar a atenção sustentada, que, em resumo, é a habilidade de manter-se focado durante uma atividade contínua, quando a mente está concentrada em uma mesma tarefa por longo período.

O foco pode ser subdividido em três "classes": o foco interno, o foco no outro e o foco externo – respectivamente, o que nos coloca em sintonia com intuições, valores e decisões; o que facilita a conexão com as pessoas que passam por nossa vida; e o que nos ampara a "navegar pelo mundo que nos rodeia".

Note o que acompanha a atenção sustentada e a reflexão sobre as subdivisões do foco: o autoconhecimento. Gosto de enfatizar esse tema porque o autoconhecimento é peça-chave na arquitetura de sua jornada, na idealização das metas ao planejamento e na prática no dia a dia.

✳✳✳

Quando falamos de concentração, atenção e foco, é muito comum justificarmos divagações e distrações com questões externas. No entanto, ainda de acordo com Goleman, não são as manifestações externas as que mais nos distraem, mas a conversa de nossa própria mente, nosso diálogo interno. A atenção sustentada auxilia que essas vozes internas se calem. Algumas pesquisas indicam que o humor das pessoas normalmente piora quando a mente delas se abstrai com frequência.[74] Até pensamentos "neutros", sem cargas de estresse e ansiedade, podem ter impacto negativo.

Para garantir a atenção sustentada e a manutenção do foco prolongado, existem ferramentas que, com autoconhecimento e identificação de pontos altos e baixos de sua energia ao longo do dia, podem auxiliá-lo no planejamento de suas atividades.

UTILIZAR A ENERGIA A SEU FAVOR

Há pessoas que acordam animadas, empolgadas; realizam todas as principais tarefas antes das dez da manhã e, por vezes, após o almoço, estão menos dispostas e precisam de pequenos descansos. Outras se levantam e não conseguem nem ler e-mail; ao longo do dia, vão melhorando a concentração e fazendo as atividades com mais energia. A pluralidade é um dos fatores que mais me encantam em estudos sobre o comportamento humano, e saber usar a multiplicidade em nosso favor, manobrando nossas atividades de acordo com períodos de energia, é um recurso poderoso.

Imagine que você tem três trabalhos para realizar em uma jornada: um deles é desenvolver uma apresentação para um cliente importante; o outro, comprar uma passagem aérea; o terceiro é ler um e-mail. Pelas manhãs, sua energia, geralmente, é mais baixa que à tarde. Qual dessas tarefas você faria primeiro? Muita gente dirá que faria primeiro a mais fácil, ler um simples e-mail. E, embora eu entenda o motivo dessa resposta, quero explicar por que, talvez, não seja a mais inteligente.

É fundamental sempre se lembrar dos mecanismos que regem nosso corpo. O cérebro, por exemplo, tem necessidade de conservar energia e ser recompensado. Assim, há tendência pela escolha inicial, por comodismo, pelo mais fácil. Optando de manhã pelo mais simples, condicionamos as escolhas por atividades de nível mais fácil de concretização e deixamos de lado tarefas mais complexas e importantes para o nosso desenvolvimento e a nossa jornada rumo à excelência. Essas escolhas sem priorização podem acarretar um dia mais improdutivo.

Tendo isso em vista, é essencial saber o grau de dificuldade das atividades, para, então, estabelecer prioridades com inteligência. O NeuroLeadership Institute, representado no Brasil pelo Instituto Fellipelli, organização global pioneira em trazer a neurociência para o âmbito da liderança, identifica três níveis de atividade, de acordo com o uso do córtex pré-frontal (CPF). O primeiro nível não exige muito pensamento nem esforço; inclui, por exemplo, ler e deletar um e-mail; o segundo nível já exige um pouco mais, como agendar uma reunião ou comprar uma passagem área; por fim, o terceiro nível exige muito raciocínio e bastante esforço – e utiliza-se de glicose para esse movimento. Elaborar uma apresentação ao cliente é um exemplo de atividade nível 3.[75]

Empoderar-se da conscientização não só da lista de atividades rotineiras, mas do grau de dificuldade, é fundamental para compreender em quais tarefas você está despendendo – ou mesmo perdendo – tempo e para identificar como seus níveis de energia se transformam ao longo do dia.

Naquele paredão que encarei em um momento-chave, compreendi o que era o tesão que meu treinador me demandara. Ao ser colocado de frente a um muro, eu me concentrei: estava ali, presente, com um objetivo claro – atingir os quinhentos toques –, e coloquei toda energia na direção certa. Hoje, em apresentações, conceituo "tesão" com esta fórmula: tesão = concentração + energia na direção correta.

PRIMEIRO, O MAIS IMPORTANTE

Na II Assembleia do Conselho Mundial de Igrejas, ocorrida em 1954, em Evanston, o então presidente dos Estados Unidos, Dwight D. Eisenhower, citou, em discurso, o doutor Roscoe Miller, presidente da Universidade Northwestern: "Eu tenho dois tipos de problemas: o urgente e o importante. Os urgentes não são importantes e os importantes nunca são urgentes". Assim surgiu o princípio Eisenhower, metodologia com a qual ele organizou sua carga de trabalho e suas prioridades.[76]

Para usar essa ferramenta, é necessário um processo de reflexão – no caso, entender quais atividades se encaixam em cada um dos critérios. Quando compreendemos isso, nós nos afastamos da tendência a consumir boa parte do dia com tarefas urgentes, as quais, na maioria das vezes, não nos encaminharão rumo ao nosso objetivo. É esse o momento em que deixamos de passar o dia "apagando incêndios" para nos concentrarmos nas atividades que, de fato, nos garantirão desenvolvimento.

Stephen Covey, em *Os 7 hábitos das pessoas altamente eficazes*, retoma esse princípio de Eisenhower destacando como realizar uma boa organização de tarefas, ao classificá-las em quatro categorias: urgentes ou não urgentes, importantes ou não importantes.

SABER USAR A MULTIPLICIDADE EM NOSSO FAVOR, MANOBRANDO NOSSAS ATIVIDADES DE ACORDO COM PERÍODOS DE ENERGIA, É UM RECURSO PODEROSO.

O best-seller, que traz sete hábitos essenciais rumo à excelência, apresenta o hábito 3 como *primeiro o mais importante*, no qual trata da priorização das atividades, de modo que estejam intimamente alinhadas aos nossos valores e, sobretudo, aos nossos propósitos. A matriz apresentada pelo autor contempla os seguintes quadrantes:

A MATRIZ DE GERENCIAMENTO DO TEMPO

	URGENTE	NÃO URGENTE
IMPORTANTE	**I** **Atividades** • Crises • Problemas urgentes • Projetos com data marcada	**II** **Atividades** • Prevenção, atividades CP • Desenvolvimento de relacionamentos • Identificação de novas oportunidades • Planejamento, recreação
NÃO IMPORTANTE	**III** **Atividades** • Interrupções, telefone • Relatórios e correspondência • Questões urgentes próximas • Atividades populares	**IV** **Atividades** • Detalhes, pequenas tarefas • Correspondência • Perda de tempo • Atividades agradáveis • Telefonemas inúteis

Fonte: adaptado de COVEY, S. *Os 7 hábitos das pessoas altamente eficazes*: lições poderosas para a transformação pessoal. Rio de Janeiro: Best-Seller, 2017.

De acordo com Covey, enquanto a maioria das ações se concentra no quadrante I – urgentes e importantes –, gasta-se boa parte do tempo apenas administrando crises, o que leva a diversas consequências, como estresse, esgotamento e até *burnout*. Muitos, porém, centralizam seu dia no quadrante

III – urgentes e menos importantes –, imaginando que estão no I, superestimando o real significado das atividades. Vale dizer que passar boa parte do tempo nos quadrantes III e IV também acaba sendo uma forma irresponsável de lidar com a rotina.

Saber utilizar a inteligência ao priorizar, além de se munir do equilíbrio, é outro ponto que ajuda na manutenção da atenção sustentada e na facilitação do foco prolongado. Se ainda assim tiver dúvidas, priorize as atividades mais importantes, pois, tomando emprestada mais uma vez a frase de Goethe para este capítulo, "as coisas mais importantes nunca devem ficar à mercê das menos importantes".

mão na massa

Após compreender a importância do autoconhecimento e quais tarefas demandam foco, concentração e atenção plena, chegou a hora de planejar um dia ideal. Na tabela a seguir, preencha as atividades em cada uma das horas, mapeando o grau de dificuldade de cada uma delas, conforme explicado neste capítulo.

Nível 1: dificuldade baixa
Exemplo: Deletar e-mails.
Nível 2: dificuldade média
Exemplo: Reservar passagem aérea.
Nível 3: dificuldade alta
Exemplo: Elaborar apresentação para um cliente.

Na sequência, pegue dois marcadores de texto ou lápis coloridos e pinte com cor vibrante os períodos do dia em que você identifica sua energia alta e com tom mais neutro os momentos em que identifica sua energia mais baixa.

FOQUE A AÇÃO, COLECIONE RESULTADOS

HORA	ATIVIDADE	GRAU DE DIFICULDADE
5h		
6h		
7h		
8h		
9h		
10h		
11h		
12h		
13h		
14h		
15h		
16h		
17h		
18h		
19h		
20h		
21h		
22h		
23h		

Fonte: adaptada de NeuroLeadership Institute Brasil, Instituto Fellipelli, 2017.

CELEBRE A JORNADA, NÃO SOMENTE A LINHA DE CHEGADA

"São os passos que fazem o caminho."
(Mário Quintana)[77]

Em algum momento de sua jornada, um pequeno passo lhe deu estímulo para continuar, a fim de atingir algo maior? Já lhe aconteceu de correr dois quilômetros na esteira e sentir que, a partir dali, era capaz de tudo? Mesmo que seu objetivo seja condicionar seu corpo e sua mente a uma maratona, aqueles primeiros dois quilômetros, se celebrados, se transformarão em uma alavanca para você alcançar os tão sonhados 42.

Esse é um exemplo da importância de celebrar cada pequena conquista na arquitetura da jornada e não deixar a comemoração para a linha de chegada. Muitas metas pessoais e profissionais são grandes, difíceis, complexas, e isso não precisa ser algo ruim. O problema consiste em sair desenfreado rumo ao objetivo sem estar plenamente presente no caminho e em cada pequeno passo, em cada experiência que acumulamos durante o processo.

Aumentar em 50% o faturamento da empresa, ser promovido a um cargo executivo ou condicionar o corpo a uma prova física não são metas fáceis; estabelecê-las e querer conquistá-las de imediato pode ser o grande erro. As tentativas de alcançá-las rapidamente, sobretudo sem desfrutar da jornada, podem levar o psicológico a um estágio insidioso de paralisação e distanciamento do caminho, do planejamento e da estratégia arquitetados.

AO ESTABELECER OBJETIVOS DESAFIADORES, É PARTE IMPORTANTE DO PLANEJAMENTO TER METAS MENORES QUE DARÃO AMPARO E TRARÃO CONFIANÇA À JORNADA.

O IPO MAIS CELEBRADO DA HISTÓRIA

Em 2019, mentorei um executivo de uma multinacional que tinha um desafio para o ano seguinte: coordenar o IPO da instituição, evento em que, como mencionei no capítulo 4, abre-se o capital da empresa pela primeira vez e distribuem-se suas ações na Bolsa de Valores.

A empreitada era grande e exigia reuniões, planejamentos, discussões e metas absurdamente desafiadoras. O resultado se daria (caso desse tudo certo) em um ano, o que causava certa angústia e ansiedade no mentorado. Ele queria ver resultado – e logo. Em conversas iniciais, percebi que ele não se encontrava pleno e presente no que deveria ser feito; não absorvia tudo aquilo que poderia e deveria absorver das reuniões com pares e equipes. Sua mente estava nublada; nela, só havia uma presença: o número a atingir dali a um ano. Meu mentorado estava preso na areia movediça de um excesso de futuro.

O problema é que esse padrão de pensamento estava gerando nele – e, consequentemente, em toda a equipe – descomprometimento com o percurso. Por não reconhecerem e valorizarem o dia a dia, ninguém se sentia seguro com o resultado; parecia que só o número final importava, e todos temiam não o alcançar. Minha abordagem inicial foi compartilhar com meu cliente que a tão sonhada cifra seria atingida se, primeiro, o time criasse confiança no trajeto, a cada um dos pequenos passos. Meu desafio foi demonstrar quanto a celebração de cada etapa seria decisiva para o resultado do projeto. Após alguns encontros e conversas, propus a ele que elaborasse um planejamento com metas mensais. A cada uma das metas, deveria haver uma pequena comemoração com a equipe.

No início, a desconfiança e o desconforto eram visíveis; no entanto, logo que a primeira meta foi alcançada e a respectiva celebração aconteceu, todos os envolvidos entenderam a importância de festejar não só o que haviam alcançado, mas o processo e o percurso construídos até então. Na semana seguinte, meu mentorado me apresentou o planejamento das metas e das celebrações para o ano todo, até o dia da oferta na Bolsa. Ele percebera quanto a ansiedade o desviava da rota. A celebração passou a ser um ritual oficial e importante para toda a equipe.

Cada vez mais confiante e com bom senso admirável, para duas pequenas metas ele estabeleceu um jantar, além de ingressos para uma peça de teatro e uma partida de futebol. Para uma meta maior, uma viagem a Ilhabela para toda a equipe, com direito a acompanhante. Resultado? Todos, incluindo ele, notaram, com as comemorações, que estavam no caminho certo e se muniram de confiança. Além disso, os encontros para celebrar serviram para uni-los, gerando um ambiente de confiança e percepção positiva de interdependência. Nos meses que se seguiram, as recompensas foram de palestras a jantares com renomados *chefs* italianos.

No fim, meu cliente e sua equipe alcançaram o objetivo estabelecido, e o IPO foi um sucesso. Sabe como eles celebraram? Com um dia de folga, nada de mais. Após a oferta pública, durante um telefonema, ele me confidenciou: "André, parece que o resultado foi apenas consequência de todos os nossos passos e as nossas conquistas até aqui, e é isso que importa de fato. Obrigado".

KAIZEN E *QUICK WINS* – COMO IMPLEMENTÁ-LOS EM SUA JORNADA

O exemplo apresentado pode lhe parecer meramente um modelo de boa liderança. Mas não. Foi a autoconsciência do cliente, gerada em nosso trabalho juntos, que fez que ele percebesse a importância de olhar a jornada, não só o objetivo – assim, a relação entre a equipe e o resultado foram consequência. Ele se transformou a partir de um novo observar, reconhecendo a relevância dos pequenos passos e da celebração.

Agora, você pode utilizar essa metodologia na arquitetura de sua própria jornada. Aliás, muitas iniciativas implementadas

140 FOQUE A AÇÃO, COLECIONE RESULTADOS

por empresas com foco na excelência podem ser utilizadas para seu desenvolvimento pessoal.

Outro exemplo é o apresentado por Daniel Coyle, jornalista e editor da *Outside*, no livro *O código do talento*,[78] que marcou presença na lista dos mais vendidos do *The New York Times*. Coyle conta que a Toyota, em 1970, ainda era uma empresa de médio porte e tornou-se a maior montadora do mundo. Muitos atribuem isso à estratégia *kaizen*.

Kaizen é uma palavra japonesa constituída por *kai*, "mudança", e *zen*, "virtude" ou "bondade", cujo significado é "mudança para melhor". Trata-se de uma ferramenta utilizada para a melhoria contínua que surgiu após a Segunda Guerra Mundial, quando, com o término do conflito e a consequente devastação do país, o governo japonês previu a necessidade de implementar projetos de gestão e administração capazes de tornar o cenário industrial novamente competitivo perante o resto do mundo. Um desses projetos envolveu o método *kaizen*, que, em resumo, envolve todos os indivíduos da empresa – do CEO ao chão de fábrica – na busca da melhoria contínua, por meio de redução de custos e de desperdício, além de aumento de produtividade.[79] Foi esse o método que fez a Toyota se tornar a gigante que é hoje.

A Toyota conseguiu engajar os mais de 3 mil funcionários rumo às melhorias, a maioria delas, inclusive, simples, como deslocamento de uma máquina e mudança da caixa de ferramentas de lugar.[80] Estima-se que a cada ano sejam implementadas, pelo *kaizen*, mais de mil pequenas melhorias em cada uma das linhas de montagem – ou seja, cerca de 1 milhão de pequenas correções, ao todo.

Imagine se você começasse hoje a identificar uma pequena melhoria por semana em sua jornada e celebrasse cada mudança? Ao fim do ano, seriam quase cinquenta conquistas – e cinquenta celebrações.

COMEMORAR, ENTÃO, É RECONHECER O CAMINHO PERCORRIDO, A EXPERIÊNCIA VIVIDA E O REPERTÓRIO ADQUIRIDO.

✳✳✳

Outro exemplo de metodologia adaptável à sua jornada são as *quick wins*, mudanças realizadas para solucionar problemas, aumentar a produtividade e melhorar o desempenho no curto prazo. A tradução resume bem o intuito dessa ferramenta: "vitórias rápidas", que amparam, geram confiança e mantêm o comprometimento com o progresso. Embora se trate de metas com estágios mais rápidos, que não demandam tanto tempo e esforço como a meta prioritária, elas precisam ser planejadas. O processo deve ser estruturado na utilização de qualquer uma dessas ferramentas.

Meu propósito, neste ponto, é compartilhar a importância não só de quebrar grandes objetivos em pequenas partes, mas reiterar o valor e o significado da celebração, seja no processo *kaizen*, seja em uma *quick win*. Comemorar, então, é reconhecer o caminho percorrido, a experiência vivida e o repertório adquirido.

NÃO BASTA CELEBRAR, É PRECISO SABER COMO FAZÊ-LO

Um grande amigo me falou sobre um líder que foi incentivado, por seu coach, a celebrar mais com a equipe, a fim de gerar mais conexão, engajamento e confiança. O resultado, no entanto, não foi o esperado. O executivo contratou um açougue de renome em São Paulo, gastou mais de 10 mil reais e promoveu um superchurrasco na tarde de uma sexta-feira. Todas as carnes disponíveis durante cinco horas... E sobrou quase tudo. Sem entender, ao questionar o RH do porquê do fracasso da festa, teve como resposta: "Dos 111 funcionários, 73 são vegetarianos ou veganos".

O que isso quer dizer? Não adianta celebrar se você não sabe *como* fazê-lo. Quando falo em comemorar e celebrar, não quero incentivar uma superfesta para trinta pessoas a cada pequena conquista. Não é isso. O segredo está em *como* comemorar.

Não podemos deixar a rotina sabotar nosso propósito. É necessário reservar momentos na agenda para comemorações. Como diz Cauê Oliveira em *Great leader to work*, "oportunidades de comemoração no percurso, não *só* quando o objetivo for atingido. Quais são, afinal, os marcos que valem uma festança? Quais são os obstáculos que, transpostos, valem um fuzuê?".[81]

Celebrar, vale dizer, é uma das nove práticas culturais da metodologia Great Place to Work, tratada no capítulo 9. A consultoria defende a importância de registrar o sucesso de uma empreitada: "Grande ou pequena, não importa. O importante é marcar a conquista", reforça Ruy Shiozawa, CEO do GPTW no Brasil.[82]

O autoconhecimento reaparece nesse processo. Não faz sentido comemorar uma conquista indo a uma balada caso prefira assistir a um filme no cinema. Eu, por exemplo, tenho meus pequenos rituais de celebração, como dormir até mais tarde em uma segunda-feira ou sair para jantar com minha família depois de um fim de semana de cursos e palestras.

Tom Peters, escritor e economista estadunidense especializado em gestão de negócios, autor de *In search of excellence*, comenta: "Celebre aquilo que você quer ver acontecer mais vezes".[83]

mão na massa

Você já sabe a importância de celebrar a jornada, não apenas o resultado final. Agora, proponho que elabore seu planejamento macro e crie pequenas metas para o próximo mês. Após definir esses passos, atribua uma celebração para cada meta atingida. Lembre-se do equilíbrio: ser coerente é fundamental nessa etapa.

Quais pequenas metas exequíveis você deseja atingir nos próximos trinta dias?

_____

_____

_____

_____

_____

_____

Como pretende celebrar cada uma dessas conquistas?

_____

_____

_____

_____

_____

_____

12

AS MUCH AS POSSIBLE

Em 1963, uma garota de 12 anos, natural de Franca, interior de São Paulo, estabeleceu uma meta para si: comprar presente de Natal para todos os familiares. A limitação que se impunha era comum a qualquer menina da idade dela: financiar a empreitada. Encorajada pela mãe a encontrar uma forma de ganhar esse dinheiro por conta própria, a garota decidiu abdicar das férias escolares e tirar o planejamento do papel. Partiu para a ação e foi trabalhar como balconista na loja dos tios, inaugurada em 1957 e conhecida, a princípio, como A Cristaleira. A garota não só presenteou amigos e familiares naquele ano como pegou gosto pelo negócio. Aos 17 anos, ao finalizar o ensino médio, passou a trabalhar oficialmente na loja.

A jornada de Luiza Helena Trajano Inácio Rodrigues foi arquitetada. De balconista, ela passou pelos cargos de vendedora, gerente de loja e encarregada, até receber um bilhete da tia, em 1991, avisando que chegara a hora de liderar a empresa. Hoje, Trajano é a maior acionista e atual presidente do Conselho de Administração do Magazine Luiza.[84]

Gosto muito de um pensamento declarado por ela para exemplificar o passo a passo de sua própria narrativa: "Primeiro faça o necessário, depois faça o possível, e, de repente, você vai perceber que pode fazer o impossível".[85]

A ARQUITETURA DA SUA JORNADA NÃO É ESTÁTICA

A história de Luiza Helena Trajano nos conduz a uma reflexão sobre o encadeamento de uma jornada bem arquitetada. A menina de 12 anos não teve uma meta única; a partir do momento em que Luiza se colocou atrás de um balcão para atingir um objetivo, iniciou ali uma jornada que passaria pelos passos: definição de metas, autoconsciência das forças e das limitações, aplicação da Matriz da Excelência, planejamento estratégico, ações e celebrações – inúmeras vezes, até conquistar os impressionantes marcos de que hoje temos conhecimento.

Se com este livro eu fosse deixar uma única lição, seria: **a construção da jornada é diária**. Embora haja lógica na metodologia e em cada um dos passos que você já conhece, muitas vezes é preciso revisitá-los, reaplicá-los e – por que não? – reaprendê-los.

Em *O algoritmo da vitória*,[86] José Salibi Neto aborda como os esportes de alta performance podem refletir em qualquer outra área da vida. Ele comenta que a capacidade de vencer depende de uma sequência de ações, como na construção de um prédio: inicia-se pelo projeto, parte-se para os alicerces, *aí sobe*, pouco a pouco.

Na arquitetura de uma jornada, entretanto, esse sequenciamento não é estático. Com certeza, Luiza Trajano despendeu mais tempo de planejamento estratégico quando, visionária, resolveu implementar um sistema de computação nas lojas do que quando quis comprar os mimos natalinos. E em ambos os casos ela atingiu o objetivo com maestria. O que quero dizer? Em cada momento de sua narrativa, você pode retomar lições com experiências passadas ou mesmo com base em outros patamares. A dinâmica de estar em constante movimento, progredindo, arquitetando sua história, em um ciclo contínuo de aprendizado e ação, é a maior dádiva de ser protagonista do próprio destino. Como diz o poema "Invictus", de William Ernest Henley, que inspirou Nelson Mandela: "Sou o senhor do meu destino e capitão da minha alma".[87]

Para estar sempre nesse ciclo de construção e manutenção da arquitetura de sua jornada, duas "ferramentas" são fundamentais: consistência e disciplina.

A DISCIPLINA COME O TALENTO NO CAFÉ DA MANHÃ

"Desde cedo compreendi que, sem muita dedicação, eu não iria longe em nenhuma estrada que escolhesse. Disciplina seria a base para transformar um atleta de talento muito abaixo da média em um integrante de uma Seleção medalhista olímpica."[88] O que mais me impressiona nessa fala é que eu poderia muito bem assumir como minha, pois reflete muito do que acredito e propus para minha jornada como atleta. No entanto, é de um dos maiores exemplos de determinação, integridade, resiliência, humildade e trabalho em equipe que já tive: Bernardo Rocha de Rezende, conhecido como Bernardinho, ex-jogador, treinador de voleibol, economista, empresário brasileiro e quem, para minha honra e felicidade, escreveu o prefácio deste livro.

Em entrevista, Bernardinho conta que o que o motivou – e continua motivando – em todas as fases da carreira é a consistência no processo, o que, consequentemente, alavanca

AS MUCH AS POSSIBLE

e mantém a disciplina como hábito. De acordo com o dicionário *Houaiss*, consistência é "característica de um corpo encarado do ponto de vista da homogeneidade, coerência, firmeza, compacidade, aderência, resistência, densidade, viscosidade etc. dos seus elementos constituintes".[89] Essa definição me faz lembrar da Matriz da Excelência, apresentada no capítulo 7 deste livro.

Quando transpomos componentes da Matriz para nossa metodologia – conexão emocional e ação, tempo investido e qualidade deste, aquisição de conhecimentos e uso dos conhecimentos adquiridos, clareza do compromisso funcional e mobilização mental para realização –, vemos que são também pilares da construção de um estado de consistência na arquitetura da jornada rumo à excelência.

Para Bernardinho, a consistência remete à continuidade no processo de busca permanente por excelência. Em geral, a prática da disciplina leva àquele ponto em que as pessoas no entorno olham e pensam: *Ele trabalha muito, treina demais, não precisava tanto*. A consistência é o que vai diferenciar *estar* disciplinado de *ser* disciplinado; é o que vai transformar estados esporádicos de alto desempenho em alta performance contínua – ou seja, excelência!

✳✳✳

Recentemente, li no LinkedIn um texto intitulado "Disciplina come o talento no café da manhã",[90] adaptação da frase "a cultura devora a estratégia no café da manhã", de Peter Drucker, considerado o pai da administração e da gestão moderna. Então, refletindo sobre essa ideia – ironicamente, durante o café da manhã –, relembrei alguns *cases* de dentro e fora das quadras que comprovam a máxima de quando a disciplina importa tanto ou mais que o talento.

A CONSISTÊNCIA É O QUE VAI DIFERENCIAR *ESTAR* DISCIPLINADO DE *SER* DISCIPLINADO.

Assim como minha história no esporte começou como terapia suplementar para asma, Fabíola Molina iniciou na natação para ajudar a tratar sua bronquite. Hoje, ela é considerada uma das principais atletas da história da natação brasileira, com participação em três Olimpíadas: Sydney, Pequim e Londres. É inegável que o talento de Fabíola nas piscinas, vinculado ao trabalho duro, viabilizou mais de 67 títulos. Entretanto, a história que quero contar é outra.

Quando treinava em São José dos Campos, sua cidade natal, Fabíola costumava usar um maiô convencional de atleta. Como a piscina era aberta, não tomava sol na barriga, a qual, portanto, ficava com coloração diferente da do restante do corpo. Como isso a incomodava, Fabíola teve a ideia do "sunquíni", tipo de biquíni adequado e seguro para treinos. Ela conta que as colegas ficaram doidas com a ideia. Ela os levava nas competições e vendia todos. Em 2004, então, em paralelo ao trabalho como atleta, fundou, com a mãe, uma grife de natação e moda praia.[91]

Os desafios e aprendizados que envolviam o dia a dia da atleta de alta performance muito provavelmente a ajudaram a construir sua jornada como empreendedora. Como o processo criativo, o planejamento, a ação e a implementação, além do acompanhamento, são tarefas árduas, foram a disciplina e a consistência que fizeram que a marca de Fabíola crescesse exponencialmente. Em 2005, Fabíola recebeu demandas de exportação e criou um e-commerce. Hoje, a grife fornece material para várias equipes, como Banespa, Hebraica, Sesi, Paineiras e Paulistano, e para marcas como Puma, Umbro e Nike. Além da moda praia, o negócio de Fabíola elabora linhas para outras modalidades, como bocha e – pasme! – xadrez.[92]

O talento, sem dúvida, pode lhe proporcionar reconhecimento inicial, que propiciará outras oportunidades. É a disciplina, no entanto, que elucida essas oportunidades a serem transformadas em realidade. Como já falamos, o talento é apenas um potencial; é necessário investir tempo e dedicação para transformá-lo em ponto forte.

No livro *Esporte, um palco para a vida*, Cristiana Pinciroli, que foi capitã da Seleção Brasileira de Polo Aquático e executiva do Itaú-Unibanco por 23 anos, comenta que

> é comum que as pessoas atribuam o sucesso de atletas de elite – ou de qualquer outra pessoa que demonstre expertise em sua área, como músicos, cientistas ou jogadores de xadrez – a um talento inato. Mas a verdade é que atingir e sustentar a alta *performance* requer tempo de prática. Diversos atletas e ídolos admirados por sua maestria se diferenciam não em virtude de um dom, mas sim por seu empenho, seu foco e seu trabalho árduo. E não basta praticar até fazer corretamente uma única vez; é necessário ter continuidade e consistência, conforme afirma o professor de psicologia cognitiva e neurociências da University of Virginia Daniel T. Willingham. O objetivo da prática é melhorar; portanto, requer tempo, repetição, esforço, concentração e *feedback* constante sobre o progresso que está sendo feito.[93]

Bernardinho complementa essa ideia afirmando que o disciplinado sempre superará o talentoso que não se dedica. E que, na vida, temos duas escolhas: a disciplina ou o arrependimento.

O TALENTO É APENAS UM POTENCIAL; É NECESSÁRIO INVESTIR TEMPO E DEDICAÇÃO PARA TRANSFORMÁ-LO EM PONTO FORTE.

É PRECISO AGIR COM EXCELÊNCIA

Sabendo que a arquitetura da jornada não é estática e que é importante retomar cada um dos passos como em um círculo virtuoso, como adquirir esse hábito de excelência? Não é fácil, mas é possível.

Até aqui, aprendemos cada uma das etapas na construção da jornada; neste ponto, vale pensarmos no que disse Shawn Achor: "O conhecimento é apenas uma parte da batalha [...]. A ação necessária para colocar em prática o que sabemos muitas vezes é a parte mais difícil desse processo".[94] Notamos esse descompasso em vários exemplos cotidianos, como pneumologistas que fumam, livreiros que não leem e educadores físicos sedentários.

Não é fácil adquirir hábitos, por mais simples que sejam. Por isso, caso você se veja nessa situação, não sinta como uma falha individual. Segundo pesquisa da Universidade de Scranton, na Pensilvânia, a maioria das pessoas quebra promessas de ano-novo logo nas primeiras semanas de janeiro. Ao fim do ano, apenas 8% atingem os objetivos estabelecidos.[95] E há explicações científicas para isso. O psicólogo social Roy F. Baumeister e sua equipe convidaram alguns estudantes para um experimento e lhes pediram que não se alimentassem por três horas antes de começarem. Ao iniciar, foram separados em três grupos: o grupo 1 recebeu um prato de biscoitos de chocolate e foi orientado a não os comer, e recebeu também um prato de rabanetes, liberados; o grupo 2 recebeu ambos os pratos, e os integrantes podiam comer o que desejassem; por fim, o grupo 3 não recebeu prato nenhum. Após um tempo ali, olhando os pratos, os grupos receberam um *puzzle* impossível

AS MUCH AS POSSIBLE

– prática com o intuito de ver quanto tempo o experimento é suportado. Você imagina o resultado? Os grupos 2 e 3 conseguiram persistir muito mais no desafio que o grupo 1 – isso porque o primeiro grupo já havia gastado muita energia ao suportar não comer os biscoitos de chocolate e, com isso, exauriu sua determinação.[96]

Nossa força de vontade se enfraquece e se esgota, e é por isso que precisamos transformar nossas tarefas, nossas ações e nossos comportamentos em hábitos, não em esforços rotineiros. A consistência é grande aliada nessa transformação. É preciso reduzir a energia dos hábitos que queremos adotar e aumentar os daqueles que desejamos evitar. Achor complementa que "os hábitos são como o capital financeiro – constituir um, hoje, é um investimento que automaticamente renderá retornos por anos".

✳✳✳

Lembro-me de quando, em 1999, eu estava aprendendo inglês e meu professor me ensinou a expressão *as much as possible*, ou "tanto quanto possível". Fiquei encantado com a sonoridade e sua utilização. O exemplo durante a aula era: se eu quisesse aprender inglês rapidamente, deveria praticar *as much as possible*.

Hoje sei que a expressão não se finda no aprendizado da língua estrangeira. Vivenciar *as much as possible* sua arquitetura da jornada é essencial para a construção e a manutenção da excelência diária.

mão na massa

Neste capítulo, falamos sobre a importância da disciplina e da consistência e sobre a excelência ser uma prática diária. Com isso em mente, que compromisso você assume consigo mesmo a partir de agora?

AS MUCH AS POSSIBLE

CELEBRE A JORNADA – *TODA A* JORNADA

Provavelmente você notou a semelhança entre o título deste capítulo e o do capítulo 11. E não é coincidência. Após falarmos sobre a importância de celebrar cada pequena meta alcançada e sobre as imprescindíveis consistência e disciplina, acredito que o desenho da Matriz da Excelência esteja cada vez mais claro em sua mente. Agora, precisamos entender que celebrar *todas as etapas* dessa jornada é algo poderoso – celebrar, inclusive, tombos e falhas, inevitáveis em qualquer trajetória. Saibamos olhar o percurso, o que ficou para trás, as experiências e vivências.

Você deve ter percebido como grandes nomes do esporte e do mercado corporativo falam e tratam suas jornadas. Na maioria das vezes, abordam com carinho suas histórias, cuidando de ressaltar desafios e dificuldades como essenciais nos caminhos trilhados. Shawn Achor, em *O jeito Harvard de ser feliz*, diz: "Capitalizarás quedas para ganhar impulso para subir".[97] Aqui, tomo a liberdade de parafraseá-lo: capitalizarás vivências e experiências para construir suas próximas realizações.

ENXERGAR PROPÓSITO NA JORNADA

Arrumar a cama todos os dias pela manhã ou organizar semanalmente a papelada na mesa do escritório talvez se mostrem tarefas cujo propósito seja difícil enxergar de cara. Entretanto, se a jornada por si só tem propósito, cada uma dessas ocupações rotineiras ganha muito mais sentido.

Identificar e compreender esse sentido é fundamental para que sua narrativa tenha intento, ou, como afirma Mario Sergio Cortella, filósofo, escritor, educador, palestrante e professor universitário brasileiro, para que se tenha uma "obra". Uma frase de seu livro *Qual é a tua obra?* muito me fez refletir: "Temos carência profunda e necessidade urgente de a vida ser muito mais a realização de uma obra que de um fardo que se carrega no dia a dia".[98]

É preciso, portanto, parar de dissociar metas e objetivos do propósito. No momento em que entendemos como nossa jornada caminha rumo à nossa obra, tornamo-nos capazes de apreciar e celebrar cada um desses passos.

Na trajetória como atleta, compreendi, em minha própria evolução (e na de meus colegas), a importância de não nos martirizar pelos erros, mas de celebrá-los como oportunidades de aprimoramento – eis um diferencial competitivo. Notei também como o esporte de alto desempenho ensina as batalhas e os fracassos. Sempre que possível, compartilho esse olhar específico do esporte sobre as derrotas, pois há possibilidades no fracasso que as vitórias não podem conceder. Observar cada experiência rotineira como chance de aprendizado é uma dádiva. Estar com o modo "piloto automático ativado" nos tira a oportunidade de viver alguns segundos, minutos, horas e até ocasiões que deveriam ser desfrutadas.

Gosto muito da abordagem do *mindfulness* para nos afastar do que chamo de "apagão da rotina", aquele estado em que só agimos, sem percebermos as nuances e as oportunidades de aprendizado. A atenção plena pode lhe garantir outro olhar às atividades habituais.

✳✳✳

Recentemente, ministrei um curso cujo tema era a Jornada da Excelência. Ao comentar a importância de celebrarmos toda a jornada, um dos participantes pediu a palavra para contar que, no percurso, para conseguir um alto cargo executivo na empresa em que trabalhava, ele se estressou tanto que "adquiriu" pressão alta, perdeu parte da primeira infância do filho, divorciou-se e não conseguiu acompanhar a mãe, que estava adoecendo. "Como dar valor ao processo?" Para ele, o único êxito era o resultado final: o cargo conquistado.

Aproveitei o *coffee break* para me aproximar do participante e lhe agradecer o relato; afinal, ele demonstrara confiança no ambiente que havíamos construído ali, a ponto de compartilhar a situação vivida. Pedi permissão para lhe fazer uma pergunta, e ele consentiu. Perguntei a ele "por que" desejava conquistar um alto cargo na empresa. A resposta, mais que a mim, surpreendeu a ele mesmo: desejava aquele cargo para dar mais segurança e conforto à família. No entanto, "sacrificara" justamente a família na tentativa da conquista. A falha não estava no objetivo – alto cargo executivo –, mas em não ter compreendido o processo nem o propósito.

Estabeleça metas, objetivos e sonhos! Sonhe grande! Sonhe *bold*! E tenha sempre clareza daquilo que o move. Se falhar, olhe para atrás – não para voltar ao passado, mas para buscar referências que o guiem a uma nova tentativa. Cuide de si mesmo! Não seja injusto consigo. Comece de novo. Nunca, absolutamente nunca é tarde demais.

OBSERVAR CADA EXPERIÊNCIA ROTINEIRA COMO CHANCE DE APRENDIZADO É UMA DÁDIVA.

NEM TUDO ACONTECE PARA O MELHOR, MAS PODEMOS, SIM, OBTER O MELHOR DE TUDO QUE ACONTECE

O título deste tópico, frase de autoria de Tal Ben-Shahar e apresentada por Achor,[99] reflete muito como precisamos mudar nosso *mindset* ao falarmos das experiências que, *a priori*, consideramos negativas em nossa jornada.

Em 1992, eu pertencia à categoria sub-19 de um clube em minha cidade, mas também era titular da categoria acima da minha, a sub-21 – e foi com essa equipe que joguei a final do campeonato gaúcho contra um time muito forte. Estava com pouco mais de dois anos de treino e me vi ali, naquela quadra, em uma final de campeonato, prejudicando o time. Fiquei completamente aterrorizado e paralisado, sucumbi ao medo de falhar e pedi ao treinador que me tirasse do jogo, alegando estar passando mal.

Quando cheguei em casa, desmoronei. Não pela derrota na partida – o que acabou acontecendo –, mas por ter escolhido desistir, não ter tido a coragem de enfrentar a dificuldade. A partir dali, comprometi-me a trabalhar muito para que aquilo não se repetisse. A questão não era não sentir medo novamente, e sim não deixar esse sentimento me paralisar. Guardo essa medalha com muito carinho; ela, apesar de um pouco enferrujada, simboliza um dos momentos mais importantes de minha jornada. Foi daquele dia em diante que resolvi investir em meu desenvolvimento no esporte, dedicando-me, capacitando-me, comprometendo-me e engajando-me com o caminho que me levaria a alcançar meus sonhos. A medalha pode até ter enferrujado, mas o ensinamento permanece vívido em mim.

Há estudos que demonstram que encarar o fracasso como oportunidade de crescimento facilita, de fato, o progresso e a evolução. O contrário também é verdade: olhar a jornada com raiva pelos episódios difíceis pode fazer que os próximos fracassos – que, preciso lhe dizer, vão acontecer – ganhem dimensão monstruosa, intransponível. Jim Collins, autor de *Empresas feitas para vencer*, afirma que "não somos aprisionados por nossas circunstâncias, nossos reveses, nossa história, nossos erros nem mesmo pelas descomunais derrotas ao longo do caminho. Na verdade, somos libertados por nossas escolhas".[100]

Em um experimento, foram reunidas noventa pessoas em um treinamento para aprender a utilizar determinado software. Quarenta e cinco foram instruídas a tentar não errar nada, enquanto a outra metade tinha liberdade de errar até aprender. Adivinha? O grupo com liberdade para errar não só foi muito mais rápido e assertivo ao manusear o software como aprendeu o caminho com os erros.[101] Daí a importância de olhar a própria jornada como um guia de aprendizagem, uma referência de como melhorar e evoluir a cada ciclo de erro-ajuste-tentativa.

São muitos os exemplos de pessoas que aproveitaram os erros para construir seu sucesso: Michael Jordan, dispensado da equipe de basquete no colégio; J. K. Rowling, que teve seu primeiro *Harry Potter* recusado por doze editoras; e Walt Disney, demitido de um jornal com a justificativa de que não era muito criativo. Como já comentei, José Tolovi Jr. acertou em afirmar: "Se em uma empresa ninguém está errando, algo está errado". E é verdade: a falha, o fracasso, faz parte da jornada de qualquer um. Só não erra quem não está tentando. A própria Coca-Cola costuma empregar esse *mindset* de valorização das falhas em suas análises de resultados. Em 2009, o CEO da empresa iniciou um encontro anual com os investidores ressaltando cada um dos fracassos ocorridos no período. O motivo? Mostrar que insucessos existem – e são muitos –, mas que cada um deles levava a empresa a amadurecer, contribuindo, assim, para vitórias e resultados satisfatórios.[102]

E é dessa forma que essas falhas precisam ser encaradas na arquitetura da sua jornada: como oportunidades. Apropriar-se desse olhar generoso e fértil, compreendendo que as escolhas – passadas e em andamento – podem ser libertadoras, é poderoso. Gosto muito de uma frase de Achor: "As pessoas mais bem-sucedidas veem a adversidade não como um obstáculo intransponível, mas como um trampolim para a excelência".[103]

É chegada a hora de construir esse trampolim na sua jornada! Talvez ela até já exista e baste uma simples mudança de olhar para enxergá-la.

ÀS VEZES, É PRECISO PARAR

Em 5 de abril de 2014, eu me aposentei das quadras. No dia 6, estava mergulhado na construção de uma nova carreira. Acreditei que era hora de replicar um modelo aprendido em minha trajetória esportiva, uma vez que estava entrando em um novo mercado, e me dispus a trabalhar e a estudar quase 24 horas por dia, sete dias por semana. Acreditei que era o caminho a ser seguido. Mas não foi *tão* simples assim... Acabei aplicando o método aprender-treinar de forma quase tóxica. Queria me destacar e comecei a fazer mil coisas ao mesmo tempo: cursos, imersões, leituras, palestras, *networking* e tudo o que me ofereciam. Passei mais de três anos nesse *looping*.

CELEBRE A JORNADA – *TODA A JORNADA*

Em meio a todo esse processo, em 5 de outubro de 2017, aconteceu um dos episódios mais tristes de minha vida: meu pai faleceu. O "cara" que me levara ao aeroporto centenas de vezes havia saído de viagem, com bilhete só de ida. Foi quando conheci o tão temível fundo do poço – e, pior, descobri que ele tem ralo! Sem dúvida, foi um dos momentos mais dolorosos da vida – não só pelo falecimento do meu pai, mas por toda a carga de estresse que eu acumulava e viera à tona com a morte dele. Essa perda importante foi o estopim para eu perceber que estava me sabotando e me intoxicando na busca incessante, equivocada e aleatória por uma nova carreira.

Comecei, então, um processo de autoconhecimento. Com o auxílio de psicoterapia e de equipe multidisciplinar, me reergui e entendi a importância de parar, oxigenar e olhar tudo o que estava fazendo, priorizando o que era mais importante: minha saúde física e mental. Se você já andou de avião, deve ter percebido que, em uma emergência, a orientação dos comissários de bordo é que coloque a máscara de oxigênio primeiro em você, depois ajude outras pessoas.

Não tenho dúvida de que esse período foi péssimo, mas sei quanto todo esse processo se fez necessário para que eu chegasse aonde estou hoje. O tombo seguido de autoconhecimento e reflexão sobre o que estava ocorrendo foi fundamental, como um pilar que sustenta uma construção – a de minha própria jornada.

Use as experiências em seu favor, em seu dia a dia, em seus próprios paredões... Busque referências em suas narrativas e construa sua jornada de forma cada vez mais assertiva.

mão na massa

É preciso experimentar, vivenciar e aprender em toda plenitude cada passo da jornada, tornando-a, assim, sua obra-prima. Muitas vezes, uma simples mudança de ponto de vista altera o modo como encaramos uma dificuldade, um erro, um tombo ou um fracasso. Agora eu o convido a exercitar essa nova percepção.

Descreva uma ocasião que você entenda como dificuldade, um momento em que errou, falhou ou fracassou.

_____

_____

_____

_____

_____

_____

Agora, reflita sobre a situação citada e tente construir um novo olhar sobre o que aconteceu. A partir desse novo ponto de vista, escreva quais aprendizados pode tirar e como usá-los em ocasiões futuras.

_____

_____

_____

_____

_____

_____

CELEBRE A JORNADA – *TODA A JORNADA*

SEJA O ARQUITETO DA PRÓPRIA JORNADA

Estamos chegando ao fim da nossa jornada juntos, mas esse também pode ser considerado o início daquela que você vai trilhar para si – inclusive, como refletimos no capítulo anterior, a sua será uma jornada contínua e diária.

Imaginemos que sua jornada seja como a construção de um edifício. Com o conhecimento adquirido ao longo dos treze capítulos, você já tem o que é preciso para iniciar o projeto arquitetônico. Após o desenho dele, é hora de preparar o alicerce, e, posteriormente, a edificação vai subir, com cada item necessário para torná-la sólida. Tenha clareza de seus recursos, daquilo de que dispõe e daquilo que lhe falta, como informações, conhecimentos, habilidades, competências e aprendizados. Essa análise é fundamental para que a obra tenha sustentação e equilíbrio. Equacione eficiência e agilidade, mas cuidado ao pular fases. Lembre-se sempre dessa metáfora da construção e imagine quão perigoso seria se o engenheiro da obra negligenciasse etapas.

Não se esqueça de que uma construção não se faz apenas com projetos e pessoas – há ferramentas poderosíssimas para ajudar no processo. Imagine construir uma alvenaria com as mãos, sem auxílio de pá. Tenha em mente todas as ferramentas disponíveis e faça uso delas de maneira eficiente e inteligente, aproveitando o potencial que elas têm, o que tornará a edificação mais sólida e eficaz. Quando necessário, não tema ajustar ou alterar a rota do projeto. Surgiu um vazamento? Não se desespere. Pare, reflita e conserte antes de seguir.

Então, quando tudo estiver planejado e estruturado, mas faltar motivação, lembre-se desta fala de Michael Phelps, nadador estadunidense recordista mundial e considerado o maior medalhista olímpico da história: "Quem acorda todos os dias supermotivado para trabalhar? Eu também tive momentos em que não queria sair da cama, mas esses eram os dias mais importantes, porque consegui aumentar minha performance em 30%, em comparação com o que teria feito se não tivesse ido treinar. Treinamos 365 dias. A maioria das pessoas não faz isso. São essas escolhas que nos levam ao sucesso".[104]

PESSOAS QUE PROVAM QUE LIMITAÇÕES NÃO SÃO CÁRCERES PRIVADOS

Edson Arantes do Nascimento, mais conhecido como Pelé, é, para mim, um símbolo da superação social pelo esporte. Mas não só. É um ícone de como o vínculo entre esforço, ambição e talento pode levar ao sucesso – e que sucesso! Nascido em 23 de outubro de 1940 em Três Corações, Minas Gerais, um fato ocorrido quando ainda garoto, parece ter definido o que viria a ser sua jornada. Após ver o pai, também jogador de futebol, José Ramos do Nascimento, ou Dondinho, chorar pela derrota do Brasil na final da Copa do Mundo de 1950, Pelé prometeu que conquistaria o primeiro Mundial do país. E sabemos que o fez em 1958, inclusive com dois gols na final![105]

No entanto, até chegar à Seleção, Pelé construiu sua jornada em muitos outros clubes, com destaque para o Santos. Quando entrou para o time da Vila Belmiro, os diretores lhe pediram que melhorasse a condição física, pois era muito magricelo. Alguns registros fotográficos da época mostram a consistência e a disciplina dele nessa missão. O jovem Pelé levou a sério o feedback dos diretores e conseguiu condicionar o corpo e atingir resultados ainda melhores dos já demonstrados ao público.[106]

A trajetória do atacante de origem humilde, que jogara com bola de pano, o levou a ganhar a alcunha de "melhor jogador de todos os tempos", em um grande exemplo do esporte como motor de desenvolvimento social. Mais que isso: trata-se de um exemplo de como não perceber limitações impostas pela vida como barreiras, mas como oportunidades.

$$*** $$

"[...] uma menina que veio de uma origem muito humilde, foi criada por uma mãe solo [...] aguentou tudo que ela aguentou, todas as lesões, e está aí hoje, para ser a segunda melhor atleta do mundo. Uma brasileira."[107] Essa foi a declaração de Daiane dos Santos, grande ginasta brasileira, sobre Rebeca Rodrigues de Andrade, que se tornou fenômeno mundial pela atuação nos Jogos Olímpicos de Tóquio e por ter sido a primeira ginasta brasileira campeã olímpica e a primeira atleta do Brasil a ganhar duas medalhas na mesma edição das Olimpíadas.

Com apenas 4 anos, Rebeca sonhava em ser atleta. Mas de nada serviriam ímpeto e talento sem ações concretas. Aos 9 anos, deixou a casa da mãe para se dedicar integralmente à ginástica artística. Sair de casa tão nova a fez pensar, em diversos momentos, em desistir da carreira; contudo, com o incentivo da mãe, a menina permaneceu rumo ao seu sonho. Como sabemos, a rede de apoio sempre faz muita diferença.

Após esse primeiro desafio, muitos outros surgiram. Em 2014, já classificada para as Olímpiadas da Juventude de Nanquim, Rebeca sofreu uma lesão séria e passou por uma cirurgia no pé; como resultado, não participou da competição. Em 2015, classificada para os Jogos Pan-Americanos de Toronto, rompeu o ligamento cruzado anterior do joelho direito durante o treino e novamente precisou passar por intervenção cirúrgica e por um período de recuperação – dessa vez, de oito meses.[108] Qualquer atleta sabe como é complexo ficar parado – imagine oito meses e, ainda por cima, sem saber se retornaria ao esporte.

Nenhum desses empecilhos, entretanto, a paralisou. Rebeca Andrade soube utilizar as dificuldades para se tornar mais forte, mais disciplinada, e conquistar o marco nos Jogos Olímpicos de Tóquio, realizados em 2021.

SEJA O ÚNICO PROTAGONISTA EM SUA HISTÓRIA

Há algo comum em todos os passos apresentados neste livro: o protagonismo. Enfatizo aqui a importância de uma rede de apoio e da celebração com familiares, pares e equipes, mas reitero que só quem pode arquitetar sua jornada é você mesmo. Uma das maiores ameaças à jornada é delegar sua história a outras pessoas ou responsabilizá-las quando algo não vai bem.

UMA DAS MAIORES AMEAÇAS À JORNADA É DELEGAR SUA HISTÓRIA A OUTRAS PESSOAS OU RESPONSABILIZÁ-LAS QUANDO ALGO NÃO VAI BEM.

A história de Serena e Venus Williams, irmãs atletas estadunidenses que dedicam a vida ao tênis, é surpreendente e foi magistralmente retratada no filme *King Richard: criando campeãs*.[109] O longa-metragem rendeu o Oscar de melhor ator a Will Smith, que fez o papel de Richard Williams, pai e grande encorajador da carreira das filhas. Aqui, porém, para falar de protagonismo, quero focar Serena, a mais nova das cinco irmãs Williams. Por muito tempo, ela ficou à sombra de Venus, que, com apenas 10 anos, já se destacava nos torneios de que participava pelo país, inclusive sendo a primeira a se profissionalizar.

A personalidade de Serena sempre foi de protagonista da própria história. Ainda jovem, em entrevista para a *Sport Illustrated*, quando lhe perguntaram em qual tenista se espelhava, Serena respondeu que queria ser ela mesma e construir o próprio caminho. Mesmo com esse nível de confiança, contudo, assumir o comando de sua vida, sua identidade e até sua raça foram etapas desafiadoras para uma jovem. Com 19 anos, após a desistência de Venus da semifinal do WTA de Indian Wells, em 2001, por causa de uma tendinite, Serena levou o título ao vencer a belga Kim Clijsters por dois *sets* a um. Na ocasião, foi vaiada por todo o público da partida; depois disso, passou catorze anos sem participar da competição californiana.[110]

Pouco a pouco, Serena Williams conseguiu destroçar os estigmas de sombra da irmã mais velha e assumiu sua posição como uma das melhores tenistas do mundo. Os resultados ao longo dessa trajetória foram estrondosos: considerada uma das mais incríveis atletas de todos os tempos, atualmente Serena é classificada pela Associação Feminina de Tênis como a tenista número 9 do mundo na modalidade simples e maior campeã de Grand Slam na era aberta, com 23 títulos. Serena também carregou seu propósito além das quadras: criou a Serena Williams Foundation, que promove acesso à educação de qualidade para famílias vítimas de crimes hediondos.[111]

SAIBA SER GRATO E CONTEMPLAR O FUTURO

Michael Phelps é uma lenda da natação. Especificamente nos Jogos Olímpicos, o ex-atleta é o maior medalhista da história da competição em *todas* as modalidades: ao todo, conquistou 28 medalhas em quatro edições. Olhando seu porte físico e sua história de vida, a tendência é pensar que, para ele, pode ter sido fácil atingir esses resultados. Mas não foi.

Ainda criança, Phelps foi diagnosticado com transtorno do déficit de atenção com hiperatividade (TDAH), condição que afeta diretamente a concentração e a atenção. Essa limitação poderia ser um impeditivo para a prática de qualquer esporte que exige concentração e atenção continuada. Mais impeditivo ainda se falarmos em alta performance. Entretanto, esse diagnóstico foi um dos impulsionadores para Phelps começar a nadar.

Quando iniciou os treinos, o jovem tinha medo da água; não gostava de ficar com a cabeça imersa e começou a se aventurar no nado de costas. Como se sabe, com o tempo, superou a fobia, mas até isso acontecer precisou enfrentar seu medo, dia após dia, nos treinos.

Após a Olimpíada do Rio de Janeiro, já com o marco de atleta olímpico mais condecorado da história, Phelps anunciou sua aposentadoria das piscinas. Embora muitos outros atletas não lidem muito bem com o fim da carreira, não foi o caso dele – mesmo após ter passado por momentos de depressão durante a carreira, aposentou-se da melhor maneira possível: agradecendo tudo o que experimentara e aprendera no esporte.[112]

Uma vida de treinos intensos nos 365 dias do ano dava lugar a uma nova rotina, a uma nova jornada, tão bonita e potente quanto o legado que Phelps deixou no esporte.

"ME CONSTRUO EU..."

Recentemente, reencontrei um dos primeiros profissionais em transição de carreira que auxiliei. Ele foi me ver e aproveitou para assistir a um jogo do time do qual sou diretor. Durante a partida, conversamos um pouco, e ele recordou o momento em que nosso trabalho juntos se encerrou: à época, rememorou o momento em que eu lhe disse que chegara a hora de seguir sua jornada. Ele, então, me confidenciou: "André, quando você me disse que eu já estava pronto para seguir, fiquei desesperado, porque realmente não me sentia preparado. E quer saber? Até hoje, passados três anos, não me sinto preparado. Porém, descobri que nunca estarei totalmente pronto ou preparado e, mesmo assim, olhando para trás, vejo que construí uma jornada cheia de realizações". Afirmou, ainda, que várias vezes retornou a papéis e lições do processo; preencheu inúmeras vezes a Matriz da Excelência para seus projetos; instituiu a tabela das pequenas metas em duas empresas; e celebrou cada pequena conquista.

E é verdade: nunca estaremos totalmente prontos, porque se trata de uma construção rotineira, com idas e vindas, altos e baixos. O importante é não parar de progredir de forma inteligente, ética e consistente. E, claro, sabendo celebrar.

Aproveito este capítulo final para agradecer ao leitor que chegou até aqui. Desejo que você escolha construir sua jornada com dedicação, aprimoramento, compromisso e engajamento. Espero que sua obra seja sólida e plena de significado e propósito. Afinal, a vida é feita de escolhas! Assim, se optar por uma jornada de excelência, lembre-se: excelência é o que fazemos repetidamente todos os dias. Excelência é um hábito. Construa-o!

Termino este livro com uma frase que mudou minha vida e, quem sabe, pode mudar a sua também: "Eu sou eu e minhas circunstâncias e, se não as construo, não me construo eu" (José Ortega y Gasset).[113]

Até breve!

CONCLUSÃO

O APRENDIZADO DE UM ADULTO

Caro leitor, espero que a jornada que percorremos juntos tenha sido prazerosa. Ao longo da leitura, você teve contato, além das histórias, com depoimentos, informações e aprendizados, assim como com diversas oportunidades de pôr em prática aquilo com que estava se familiarizando. Bem, isso teve um propósito.

Optei por estruturar este livro assim porque a própria arquitetura da jornada, embora descrita aqui com conceitos e exemplos, foi, de início, concebida na prática, no dia a dia, dentro e fora das quadras. Apenas mais tarde eu a descrevi e a organizei de modo lógico – ao menos o suficiente para transmiti-la em texto e, de maneira mais sintética, em palestras, mentorias e eventos. A teoria aqui é um aspecto necessário, que se justifica como caminho para chegar à prática.

Retomando o assunto de minhas pesquisas para descobrir o público deste livro, eu sabia que a imensa maioria não seriam adolescentes, mas adultos – não me refiro a nenhuma concepção sociológica, psicológica etc. do termo, mas, sim, a indivíduos com organismos desenvolvidos. E adultos aprendem de modo próprio! Estudiosos da área da educação que se dedicam a entender a maneira como os adultos aprendem (andragogos), há muito tempo – a primeira publicação com o termo "andragogia" data de 1833 – defendem que, ao envelhecermos, determinadas maneiras de aprender vão perdendo força, enquanto outras passam a ganhar.

179

Um exemplo: uma criança, apenas ouvindo e observando, é capaz de aprender um novo idioma. Já para um adulto, apenas ver e ouvir possivelmente vão se mostrar insuficientes para realizar o mesmo objetivo, em velocidade similar. Muitas vezes, inclusive, um adulto precisa de verdadeira imersão em determinada cultura, como em um intercâmbio, para ser capaz de falar uma nova língua.

Certamente há variações desse fenômeno entre indivíduos, mas hoje já temos base científica suficiente para afirmar que as pessoas, em geral, vivem mudanças na forma de aprender ao longo da vida.

Se, com o tempo, a apreensão de conhecimentos com base na escuta, na observação, na leitura, na escrita, entre outros, se torna menos efetiva, especialistas apontam que, de modo complementar, o adulto tende a aprender com mais eficácia ao associar determinado conteúdo às suas necessidades, aos seus desafios e às suas motivações cotidianas. Um adulto cujos familiares ou amigos próximos sofrem de um problema sério de saúde, por exemplo, provavelmente vai aprender, de modo mais ágil e efetivo, sobre tal doença que outro que, a princípio, não tem essa motivação drástica. Ou ainda: você acaba de se formar em uma área cujo mercado de trabalho se encontra saturado – por exemplo, o Direito –, mas precisa empregar-se rapidamente. É bem possível que, caso identifique um nicho demandando profissionais que, além da formação em Direito, dominem programação, isso funcione como estímulo em seu processo de aprendizado.

Nesses dois exemplos, o que se vê é menos uma pessoa interessada em aprender determinado assunto e mais, muito mais, alguém interessado em resolver um problema: por que aprender. O aprendizado aqui, portanto, é apenas aquilo que necessariamente precisa anteceder a solução! Dito isso, a opção de inserir ao fim dos capítulos algumas práticas, convidando o leitor a refletir sobre as próprias experiências e expectativas, é uma forma de cada um conectar seus desafios àquele conteúdo e, assim, potencializar o que foi abordado. Os próprios especialistas em andragogia entendem que o processo de aprendizado tende a ser mais proveitoso se o participante, a partir de certo ponto, simular o que está aprendendo e, tão logo possível, puser em prática na vida real.

Se seu objetivo, portanto, é se tornar cantor, não perca tempo. Assim que puder, simule no chuveiro e, quando julgar seguro (para você e para quem estiver perto), suba no palco e solte a voz. Brincadeiras à parte, considerando a perspectiva andragógica, seu processo de aprendizado, via de regra, não vai alcançar um ponto satisfatório a não ser que você dê dimensão prática àquilo que está aprendendo. Pois é, simular, treinar e praticar – como quando fui obrigado a bater bola contra a parede centenas de vezes – podem ser uma das poucas alternativas para consolidar o conhecimento.

Em outras palavras, praticar um novo conhecimento surge como o grande divisor de águas ou, se preferir, o grande divisor entre pessoas comuns e profissionais – de um lado estão aquelas realmente dispostas a colocar em prática e aprender; de outro, as que não querem praticar e permanecem na famosa zona de conforto.

Nesse sentido, receio que muito do que este livro propõe como aprendizado para você, caro leitor, corre o risco de se perder em sua memória caso não ganhe, tão logo possível, dimensão prática em sua vida. Entretanto, se estas páginas levarem a ações, acredito que você esteja, em breve, apto a dar um dos últimos passos, segundo a andragogia, para finalmente reter, consolidar, aplicar e aperfeiçoar determinado conhecimento dentro de si. Você vai estar apto a fazer o que eu mesmo estou buscando há alguns anos: levar adiante, para outras pessoas, esse aprendizado que mudou minha vida e, quero crer, pode mudar outras mais.

O valor do aprendizado não está apenas em consumi-lo, mas em expressá-lo e, sobretudo, em compartilhá-lo. Aprendemos ensinando!

Desejo a todos uma linda jornada.

POSFÁCIO

ARQUITETURA DA JORNADA

Praticamente em todos os dias de minha existência, povoa minha mente, quase que como um mantra, uma das lições mais poderosas de toda minha vida: conhecimento não tem valor ao ser consumido. Conhecimento tem valor ao ser expresso.

Esse pensamento evidencia-se mais, uma vez ao finalizar esta jornada tão bem desenhada e arquitetada pelo incrível André Heller.

O que fazer ao adquirir conhecimento tão relevante e profundo? A resposta é simples e certeira, sem margens para interpretação: agir.

Além de seus poderosos ensinamentos, este livro funciona como uma metáfora dessa visão, já que a história de Heller está toda pautada em transformar *insights* em ação. Na realidade, como testemunhamos ao longo desta obra, sua jornada é uma jornada de ação, pois sempre transformou suas limitações em alavancas, constituindo planos de execução práticos e concretos. E observe que esse ciclo remonta a longa data, evidenciando-se com destaque quando toma a decisão de ser um atleta.

Nessa caminhada, atinge o patamar máximo que qualquer esportista poderia atingir concretizando conquistas inimagináveis. Essas realizações por si só já bastariam para alimentar suas ambições, porém toma uma corajosa decisão de iniciar uma nova trajetória e vê-se às voltas com uma inédita realidade após encerrar tão bem-sucedida carreira.

Foi necessário começar um novo jogo do zero. Suas realizações como atleta foram credenciais para essa nova jornada, porém suas vantagens param por aí já que, em seu novo papel, Heller tem de construir toda sua reputação e realizações em um novo território, agora como conteudista, mentor e professor.

Mais uma vez, essa corajosa caminhada de Heller só se traduz de maneira concreta com ação. Este livro é, por si só, o efeito concreto dessa tese, já que revela o poder da execução em um projeto desafiante cujo resultado final é um primor (e faço essa afirmação com a experiência de já ter publicado oito livros resultado de pesquisas e estudos profundos).

O espírito juvenil de eterno aprendiz de Heller deve servir como inspiração para motivar os leitores a colocar em ação os *insights* tal qual nosso campeão olímpico tem feito.

Inquietude, humildade e coragem, muita coragem, são ingredientes de uma poderosa receita que deve ser experimentada por todos. Não se engane: essa é uma caminhada altamente desafiante e complexa que requer confrontar muitas crenças estabelecidas, revisitar muitos modelos e padrões mentais e ter a abertura para aprofundar seu autoconhecimento.

Em alguns momentos, você terá de voltar ao paredão; em outros se regozijará com os louros da vitória no pódio. O mais relevante, no entanto, é que você aproveite essa jornada buscando ser a cada dia sua melhor versão.

Aventure-se por essa caminhada e, sobretudo, não deixe de se divertir muito.

SANDRO MAGALDI
Autor de oito livros de negócios, dentre
eles o best-seller *Gestão do amanhã*

NOTAS DE FIM

1 ALEXANDER, C. *Endurance*: a lendária expedição de Shackleton à Antártida. São Paulo: Companhia das Letras, 2020.

2 HOYT, D.; YAEGER, D. *Devoção*: ele acreditou que seria capaz. E por seu filho, superou seus próprios limites. Ribeirão Preto: Novo Conceito, 2011.

3 BBC – Arthur Ashe: more than a champion (2015). Vídeo (59min13s). Publicado pelo canal Hikmet Gelix. Disponível em: https://www.youtube.com/watch?v=FX09hjb4XYA. Acesso em: 4 jul. 2022.

4 FUNARTE. *Revista InformArte*, ano 7, n. 3, mar. 2017. Disponível em: https://www.funarte.gov.br/boletim/informartemarco2017.pdf. Acesso em: 4 jul. 2022.

5 INSTITUTO AYRTON SENNA. *Segredos da pista molhada*. Disponível em: https://www.ayrtonsenna.com.br/piloto/arte-de-pilotar/segredos-da-pista-molhada/. Acesso em: 4 jul. 2022.

6 BARROS, M. Kane, CR7 e questão Talento x Esforço. *ESPN*, 8 mar. 2018. Disponível em: https://www.espn.com.br/blogs/mauriciobarros/753231_kane-cr7-e-a-questao-talento-x-esforco. Acesso em: 1 ago. 2022.

7 GRANATO, L.; SENA, V. Simone Biles mostra que saúde mental é desafio até para os super-humanos. *Exame*, 28 jul. 2021. Disponível em: https://exame.com/carreira/simone-biles-saude-mental/. Acesso em: 4 jul. 2022.

8 GAGLIONI, C. A tenista que desistiu de Roland Garros para cuidar da saúde mental. *Nexo*, 2 jun. 2021. Disponível em: https://www.nexojornal.com.br/expresso/2021/06/02/A-tenista-que-desistiu-de-Roland-Garros-para-cuidar-da-sa%C3%BAde-mental. Acesso em: 4 jul. 2022.

9 ORGANIZAÇÃO MUNDIAL DA SAÚDE. *Classificação Estatística Internacional de Doenças e Problemas Relacionados à Saúde*. CID-11. Disponível em: https://www.who.int/standards/classifications/classification-of-diseases. Acesso em: 4 jul. 2022.

10 ORGANIZAÇÃO MUNDIAL DA SAÚDE. Depressão e outros transtornos mentais comuns. *Estimativas Globais de Saúde*, 3 jan. 2017. Disponível em: https://www.who.int/publications/i/item/depression-global-health-estimates. Acesso em: 4 jul. 2022.

11 SILVA, M. L.; RUBIO, K. Superação no esporte: limites individuais ou sociais? *Revista Portuguesa de Ciências do Desporto*, v. 3, n. 3, 2003, p. 70. Disponível em: https://rpcd.fade.up.pt/_arquivo/artigos_soltos/vol.3_nr.3/LSilva.pdf. Acesso em: 4 jul. 2022.

12 MACHADO, R. P. T. *Esporte e religião no imaginário da Grécia Antiga*. Universidade de São Paulo – Escola de Educação Física e Esporte. Dissertação de Mestrado, 2006. Disponível em: https://www.teses.usp.br/teses/disponiveis/39/39133/tde-140 32007-100902/publico/RaoniPerrucci.pdf. Acesso em: 4 jul. 2022.

13 *Ibidem.*

14 LACAN, J. *O seminário, livro 18*: de um discurso que não fosse semblante. Rio de Janeiro: Zahar, 2009.

15 SILVA, M. L.; RUBIO, K. Superação no esporte: limites individuais ou sociais? *Revista Portuguesa de Ciências do Desporto*, v. 3, n. 3, 2003, p. 75. Disponível em: https://rpcd.fade.up.pt/_arquivo/artigos_soltos/vol.3_nr.3/LSilva.pdf. Acesso em: 4 jul. 2022.

16 CSIKSZENTMIHALYI, M. *Flow*: the psychology of optimal experience. Nova York: Harper Perennial, 2008.

17 *Ibidem.*

18 #StatusofMind: social media and young people's mental health and wellbeing. *RSPH*, maio 2017. Disponível em: https://www.rsph.org.uk/static/uploaded/d125b27c-0b62-41c5-a2c0155a8887cd01.pdf. Acesso em: 4 jul. 2022.

19 Sigla do inglês *fear of missing out* (medo de ficar de fora, em tradução livre). O conceito é usado para o sentimento do medo de perder algum acontecimento muito importante e, embora criado em 1990, vem crescendo de maneira significativa por causa do consumo desenfreado das redes sociais e da necessidade de participar de tudo.

20 BARCELLOS, C. *Quebrando os limites*: como superar desafios na vida. 2. ed. São Paulo: Planeta, 2016.

21 AMORIM, S. A saga de um campeão. *Sesi*, 18 fev. 2009. Disponível em: https://fiepb.com.br/sesi/noticia/a-saga-de-um-campeao. Acesso em: 4 jul. 2022.

22 *Ibidem.*

23 *Ibidem.*

24 LANSING, A. *A incrível viagem de Shackleton*: a mais extraordinária aventura de todos os tempos. Rio de Janeiro: Sextante, 2022.

25 Liderança resiliente: uma aula interativa de 35 minutos com a prof. Nancy Koehn. *Harvard Business School Online*. Disponível em: https://lessons.online.hbs.edu/lesson/resilient-leadership/. Acesso em: 4 jul. 2022.

26 AFP. Barco "Endurance", de Ernest Schackleton, é localizado na Antártida após mais de um século. *IstoÉ Dinheiro*, 9 mar. 2022. Disponível em: https://www.istoedinheiro.com.br/barco-endurance-de-ernest-shackleton-e-localizado-na-antartica-apos-mais-de-um-seculo/. Acesso em: 4 jul. 2022.

27 Termo que tem origem no inglês e se refere às competências pessoais e sociais que facilitam as relações humanas e permitem se desenvolver com sucesso em qualquer âmbito da vida, incluindo o profissional.

28 The enterprise guide to closing the skills gap: strategies for building and maintaining a skilled workforce. *Report IBM*, 2019. Disponível em: https://www.ibm.com/downloads/cas/EPYMNBJA. Acesso em: 4 jul. 2022.

29 HSM – The power of knowledge. Disponível em: https://hsm.com.br/sobre/. Acesso em: 4 jul. 2022.

30 SALIBI NETO, J.; MAGALDI, S. *Gestão do amanhã*: tudo o que você precisa saber sobre gestão, inovação e liderança para vencer na 4ª Revolução Industrial. São Paulo: Gente: 2018.

31 *Ibidem.*

32 CORTELLA, M. *Por que fazemos o que fazemos?* São Paulo: Planeta, 2016.

33 Sigla do termo em inglês *Initial Public Offering*, oferta pública em que as ações de uma empresa são vendidas na Bolsa, pela primeira vez, ao público em geral. É o processo pelo qual uma empresa se torna de capital aberto.

34 KAUFLIN, J. Quem é Cristina Junqueira, a nova bilionária da lista da Forbes. *Forbes*, 10 dez. 2021. Disponível em: https://forbes.com.br/forbes-money/2021/12/quem-e-cristina-junqueira-a-mais-nova-bilionaria-da-lista-da-forbes-apos-ipo-do-nubank/. Acesso em: 4 jul. 2022.

35 O que a cultura do Nubank tem a ver com foco no cliente? *Nubank*, 6 jul. 2018. Disponível em: https://blog.nubank.com.br/cultura-do-nubank-foco-no-cliente/. Acesso em: 4 jul. 2022.

36 JUNQUEIRA, C. Cristina Junqueira: a tão pessoal vida profissional do empreendedor. *Marie Claire*, 31 jan. 2018. Disponível em: https://revistamarieclaire.globo.com/Work/noticia/2018/01/cristina-junqueira-tao-pessoal-vida-profissional-do-empreendedor.html. Acesso em: 4 jul. 2022.

37 KAUFLIN, J. *op. cit.*

38 Jorge Paulo Lemann: o sonhador que criou um império. *InfoMoney*. Disponível em: https://www.infomoney.com.br/perfil/jorge-paulo-lemann/. Acesso em: 4 jul. 2022.

39 CORREA, C. *Sonho grande*: como Jorge Paulo Lemann, Marcel Telles e Beto Sicupira revolucionaram o capitalismo brasileiro e conquistaram o mundo. São Paulo: Primeira Pessoa, 2013.

40 Jorge Paulo Lemann: o sonhador que criou um império. *InfoMoney*. Disponível em: https://www.infomoney.com.br/perfil/jorge-paulo-lemann/. Acesso em: 4 jul. 2022.

41 AMORIM, M. O que diz o homem mais rico do Brasil. *O Globo*, 31 ago. 2014. Disponível em: https://oglobo.globo.com/economia/o-que-diz-homem-mais-rico-do-brasil-13771687. Acesso em: 4 jul. 2022.

42 CORTELLA, M. *op. cit.*

43 FELLIPELLI, A. *Autoconhecimento para um mundo melhor*: reflexões sobre liderança, desenvolvimento humano e capitalismo consciente. São Paulo: Alta Life, 2021.

44 GARDNER, H. *Inteligências múltiplas*: a teoria na prática. Porto Alegre: Penso, 1995.

45 GOLEMAN, D. *Liderança*: a inteligência emocional na formação do líder de sucesso. São Paulo: Objetiva, 2015.

46 *Ibidem.*

NOTAS DE FIM

47 Processo Hoffman. *Centro Hoffman*. Disponível em: https://processohoffman. com.br/curso/processo-hoffman/. Acesso em: 5 jul. 2022.

48 FELLIPELLI, A. *op. cit.*

49 CliftonStrengths, ou Teste Gallup, é o instrumento psicométrico antes denominado StrengthsFinder, desenvolvido pelo Gallup Institute. Hoje representa a maior parte da receita da instituição.

50 As 34 maneiras de descrever o que você naturalmente faz melhor. *Gallup*. Disponível em: https://www.gallup.com/cliftonstrengths/pt/253724/34-temas-cliftonstrengths.aspx. Acesso em: 5 jul. 2022.

51 Aprenda a ciência dos CliftonStrengths. *Gallup*. Disponível em: https://www. gallup.com/cliftonstrengths/pt/253799/ci%C3%AAncia%20do%20cliftonstren gth-.aspx. Acesso em: 5 jul. 2022.

52 RATH, T. *Descubra seus pontos fortes 2.0*: Strenghsfinder 2.0. Rio de Janeiro: Sextante, 2019.

53 *Ibidem*, p. 26.

54 O nome dos mentorados foi alterado para preservar a identidade.

55 State of the Global Workplace: 2022 Report. *Gallup*. Disponível em: https://www.gallup.com/workplace/349484/state-of-the-global-workplace. aspx#ite-393218. Acesso em: 5 jul. 2022.

56 BANDLER, R. *A introdução definitiva à PNL*: como construir uma vida de sucesso. São Paulo: Alta Life, 2019.

57 INSTITUTO BRASILEIRO DE COACHING. Apostila do *Professional and Self Coaching*, 2011.

58 SCHLOCHAUER, C. *Lifelong learners*: o poder do aprendizado contínuo. São Paulo: Gente: 2021.

59 O livro de Conrado Schlochauer oferece, gratuitamente, um canvas de planejamento de jornada de aprendizagem, ferramenta para apoiar no processo de reflexão e ação do movimento do "aprender". Disponível em: lifelonglearners. cc/canvas/. Acesso em: 5 jul. 2022.

60 BRETAS, A.; SCHLOCHAUER, C. *Desafio Curadoria com CEP+R*. Disponível em: https://alexbretas11.medium.com/desafio-curadoria-com-cep-r-348406c2fd40. Acesso em: 5 jul. 2022.

61 HOUAISS, A. *Dicionário Houaiss da Língua Portuguesa*. Rio de Janeiro: Objetiva, 2001.

62 Obesidade cerebral. *Metrópoli*, 5 out. 2017. Disponível em: https://metropoli online.com.br/2017/10/05/obesidade-cerebral/. Acesso em: 5 jul. 2022.

63 NEUROLEADERSHIP INSTITUTE (2016). Instituto Fellipelli.

64 KUENNE, C.; DANNER, J. *Feitas para crescer*: como o intraempreendedoris-mo pode promover a inovação e o desenvolvimento das empresas. São Paulo: HSM, 2018.

65 GEROMEL, R. Meet Ricardo Amorim, Brazil's most influential economist. *Forbes*, 15 ago. 2014. Disponível em: https://www.forbes.com/sites/ricardogeromel/2014/08/15/meet-ricardo-amorim-brazils-most-influential-economist/?sh=690fba2e5ef5. Acesso em: 14 jul. 2022.

66 Ciclo PDCA. Disponível em: https://www.sebrae.com.br/sites/PortalSebrae/bis/ciclo-pdca-ajuda-a-melhorar-o-desempenho-dos-negocios%2Ced8a834b4cc37410VgnVCM2000003c74010aRCRD. Acesso em: 08 ago. 2022.

67 SMART Construção de Meta. *Admita*. Disponível em: https://www.admita.com.br/cursos/smart/Guia_Rapido_SMART.pdf. Acesso em: 7 jul. 2022.

68 PINK, D. *Motivação 3.0 Drive*. Rio de Janeiro: Sextante, 2019.

69 LEVERING, R. *Transformando a cultura do ambiente de trabalho*: a perspectiva do Great Place to Work Institute, 25 primeiros anos. São Paulo: Primavera Editorial, 2012.

70 REIS, E. *A startup enxuta*: como usar a inovação contínua para criar negócios radicalmente bem-sucedidos. Rio de Janeiro: Sextante, 2019. p. 58.

71 MENDES, N. O que Lincoln e Beckham podem nos ensinar sobre gestão de pessoas. *Administradores.com*, 16 jul. 2013. Disponível em: https://administradores.com.br/artigos/o-que-lincoln-e-beckham-podem-nos-ensinar-sobre-gestao-de-pessoas. Acesso em: 7 jul. 2022.

72 COVEY, S. R. *Os 7 hábitos das pessoas altamente eficazes*: lições poderosas para a transformação pessoal. Rio de Janeiro: Best-Seller, 2017

73 GOLEMAN, D. *Foco*: a atenção e seu papel fundamental para o sucesso. Rio de Janeiro: Objetiva, 2013.

74 *Ibidem*.

75 NEUROLEADERSHIP INSTITUTE BRASIL. Instituto Fellipelli. Disponível em: https://neuroleadership.com/portfolio_tags/prefrontal-cortex/. Acesso em: 7 jul. 2022.

76 LOUZADA, P. Matriz de Eisenhower: atividades importantes vs. urgentes. *FM2S*, 17 abr. 2019. Disponível em: https://www.fm2s.com.br/matriz-de-eisenhower-diferencas-entre-atividades-importantes-e-urgentes/. Acesso em: 3 ago. 2022.

77 CAMINHO – Mário Quintana. *In*: Poeta Mario Quintana. Disponível em: https://poetamarioquintana.blogspot.com/2008/03/caminho-mario-quintana.html. Acesso em: 1 ago 2022.

78 COYLE, D. *O código do talento*: um programa para desenvolver habilidades especiais aplicáveis à vida pessoal e aos negócios. Rio de Janeiro: Agir, 2010.

79 SHUMPEI, I. Revisiting the existing notion of continuous improvement (Kaizen): literature review and field research of Toyota from a perspective of innovation. *Evolutionary and Institutional Economics Review*, jun. 2017, v. 14(1), p. 29-59.

80 SHUMPEI, I. (2018). *The diversity and reality of kaizen in Toyota*. Disponível em: https://www.researchgate.net/publication/328097479_The_Diversity_and_Reality_of_Kaizen_in_Toyota. Acesso em: 8 jul. 2022.

81 OLIVEIRA, C.; PENA, G. *Great leader to work*: como os melhores líderes constroem as melhores empresas para trabalhar. São Paulo: Primavera Editorial, 2021.

82 ARINS, B. Fomos à Disney para mostrar o poder de celebrar conquistas. *GTPW*, 18 set. 2019. Disponível em: https://gptw.com.br/conteudo/artigos/disney-e-o-celebrar-conquistas/. Acesso em: 8 jul. 2022.

83 PETERS, T.; WATERMAN, R. H. *In search of excellence*: lessons from America's best-run companies. Califórnia: Harper Business, 2012.

84 MARQUES, J. Conheça a história de sucesso de Luiza Helena Trajano, da rede Magazine Luiza. *IBC*, 24 maio 2020. Disponível em: https://www.ibccoaching.com.br/portal/exemplo-de-lideranca/historia-sucesso-luiza-helena-trajano-magazine-luiza/. Acesso em: 8 jul. 2022.

85 CAIXETA, N. Dona Luiza Helena Trajano. *Exame*, 18 ago. 2011. Disponível em: https://exame.com/revista-exame/dona-luiza-m0051152/. Acesso em: 8 jul. 2022.

86 SALIBI NETO, J.; GOMES, A. S. *O algoritmo da vitória*: lições dos melhores técnicos esportivos do mundo para você aplicar em seu time, sua carreira e sua vida. São Paulo: Planeta Estratégia, 2020.

87 FUNARTE. *Revista InformArte*, ano 7, n. 3, mar. 2017. Disponível em: https://www.funarte.gov.br/boletim/informartemarco2017.pdf. Acesso em: 4 jul. 2022.

88 BERNARDINHO. *Cartas a um jovem atleta*. São Paulo: Elsevier, 2007.

89 HOUAISS, A. *Dicionário Houaiss da língua portuguesa*. Disponível em: https://houaiss.uol.com.br/corporativo/apps/uol_www/v6-0/html/index.php#2. Acesso em: 8 jul. 2022.

90 MONTEIRO, D. Disciplina come o talento no café da manhã. *LinkedIn*, 25 fev. 2022. Disponível em: https://www.linkedin.com/pulse/disciplina-como-o-talento-caf%C3%A9-da-manh%C3%A3-daniel-monteiro/?trk=public_profile_article_view. Acesso em: 8 jul. 2022.

91 *Quem somos*. Site oficial de Fabíola Molina. Disponível em: https://www.fabiolamolina.com.br/quem-somos. Acesso em: 8 jul. 2022.

92 FIGUEIRA, F. Depois das piscinas, Fabíola Molina busca sucesso como empresária. *Meon*, 9 mar. 2014. Disponível em: https://www.meon.com.br/esporte/regional/depois-das-piscinas-fabiola-molina-busca-sucesso-como-empresaria. Acesso em: 8 jul. 2022.

93 PINCIROLI, C. *Esporte, um palco para a vida*: lições da prática esportiva para impulsionar a alta *performance*, o bem-estar e a realização pessoal. São Paulo: Primavera Editorial, 2021.

94 ACHOR, S. *O jeito Harvard de ser feliz*. São Paulo: Benvirá, 2012.

95 DIAMOND, D. Just 8% of people achieve their new year's resolutions. Here's how They do it. *Forbes*, 1° jan. 2013. Diponível em: https://www.forbes.com/sites/dandiamond/2013/01/01/just-8-of-people-achieve-their-new-years-resolutions-heres-how-they-did-it/?sh=2154ff13596b. Acesso em: 11 jul. 2022.

96 BAUMEISTER, R. *et al.* Ego depletion: is the active self a limited resourche? Disponível em: http://faculty.washington.edu/jdb/345/345%20Articles/Baumeister%20et%20al.%20%281998%29.pdf. Acesso em: 8 jul. 2022.

97 ACHOR, S. *op. cit.*

98 CORTELLA, M. *Qual é a tua obra?* Inquietações propositivas sobre gestão, liderança e ética. Petrópolis: Vozes Nobilis, 2015.

99 ACHOR, S. *op. cit.*

100 COLLINS, J. *Empresas feitas para vencer*: por que algumas empresas alcançam a excelência... e outras não. Rio de Janeiro: Alta Books, 2018.

101 LORENZET, S. J.; SALAS, E.; TANNENBAUM, S. I. Benefiting from mistakes: the impacto f guided errors on learning, performance, and self-efficacy. *Human Resource Development Quarterly*, 24 out. 2005. Disponível em: https://onlinelibrary.wiley.com/doi/epdf/10.1002/hrdq.1141. Acesso em: 8 jul. 2022.

102 COLLINS, J. *op. cit.*

103 ACHOR, S. *O jeito Harvard de ser feliz*. São Paulo: Benvirá, 2012.

104 PHELPS, M. *No limits*: the will to succeed. Nova York: Simon & Schuster, 2012.

105 NASCIMENTO, E. A. do. *Pelé*: a autobiografia. Rio de Janeiro: Sextante, 2006.

106 *Ibidem.*

107 MÃE solo, 7 filhos, apoio em meio a 3 lesões: os desafios da mãe de Rebeca Andrade para manter a filha na ginástica. *BBC News Brasil*, 29 jul. 2021. Disponível em: https://www.bbc.com/portuguese/geral-58017962. Acesso em: 8 jul. 2022.

108 FURTADO, T.; KNOPLOCH, C. Conheça a história de Rebeca Andrade, da periferia de São Paulo ao primeiro ouro da ginástica feminina. *O Globo*, 1º ago. 2021. Disponível em: https://oglobo.globo.com/esportes/conheca-historia-de-rebeca-andrade-da-periferia-de-sao-paulo-ao-primeiro-ouro-da-ginastica-feminina-25136048. Acesso em: 8 jul. 2022.

109 *King Richard: criando campeãs*. Dir. Reinaldo Marcus Green. EUA: Warner Bros., 2021 (2h25min).

110 RENEE, S. The power of Serena Williams' *Sports Illustrated* cover. *ESPN*, 15 dez. 2015. Disponível em: https://www.espn.com/espnw/news-commentary/story/_/id/14377269/the-power-serena-williams-sports-illustrated-cover. Acesso em: 8 jul. 2022.

111 BRYANT, H. *Sisters & champions*: the true story of Venus and Serena Williams. Nova York: Philomel Books, 2018.

112 PHELPS, M. *No limits*: the will to succeed. Nova York: Simon & Schuster, 2012.

113 ORTEGA Y GASSET, J. *O homem e os outros*. Campinas: Vide Editorial, 2017.

Este livro foi impresso pela Edições Loyola em papel pólen bold 70 g/m² em agosto de 2022.